69

69

MLB

TRANSLATED FROM POLISH BY
Frank L. Vigoda

ZEPHYR PRESS
Brookline, MA

Author photograph by Marta Eloy Cichocka
typeslowly designed
Printed in Michigan by Cushing-Malloy, Inc.

Several of these poems appeared previously in the *Zoland Poetry* annual.

Zephyr Press acknowledges with gratitude the financial support of the
Massachusetts Cultural Council and the National Endowment for the Arts.

Zephyr Press, a non-profit arts and education 501(c)(3) organization,
publishes literary titles that foster a deeper understanding of cultures and
languages. Zephyr books are distributed to the trade in the U.S. and Canada
by Consortium Book Sales and Distribution [www.cbsd.com] and by Small
Press Distribution [www.spdbooks.org].

Library of Congress Cataloging-in-Publication Data
Biedrzycki, Miłosz, 1967-
[69. English & Polish]
69 / MLB ; translated from Polish by Frank L. Vigoda.
-- 1st ed. p. cm.
Polish original with English translation.
ISBN 978-0-939010-99-8 (alk. paper)
I. Vigoda, Frank L. II. Title. III. Title: Sixty-nine.
PG7161.I278A61513 2010
891.8'518--dc2222

201003176

ZEPHYR PRESS / 50 Kenwood Street / Brookline, MA 02446
www.zephyrpress.org

Table of Contents

xiii   *Introduction by Frank L. Vigoda*

2   DWUDZIESTA TRZECIA czterdzieści cztery
ELEVEN forty-four

4   „Dobry wieczór, nazywam się Mickiewicz . . ."
"Good evening, my name is Mr. Mickiewicz . . ."

8   O DONIOSŁOŚCI KLASY ROBOTNICZEJ
ON THE PREEMINENCE OF THE WORKING CLASS

10   AKSLOP
AKSLOP

12   KAPUSTA W KROKIECIE
EGG ROLL

14   „moja przyjaciółka znów jest ze mną . . ."
"my beloved is mine again . . ."

16   MITTELEUROPA
MITTELEUROPA

18   SPALATO
SPALATO

20   ZACZYNA SIĘ RÓŻOWA CHWILA
THE ROSY TIME BEGINS

22   (OLSZA)
(OLSZA)

26   „szedłem i szedłem szeroką doliną . . ."
"I walk and walk through a wide valley . . ."

28   MRÓZ
IT WAS SO COLD

30 HOŁD (DWA SONETY)
    HOMAGE (TWO SONNETS)

34 VIRTUAL REALITY
    VIRTUAL REALITY

36 „najgroźniejsze jest jednak powietrze, ostrzegają naukowcy ..."
    "the most dangerous of all is air, scientists warn ..."

38 MASSACHUSETTS
    MASSACHUSETTS

40 HOŁD (SIERPIEŃ 1936)
    HOMAGE (AUGUST '36)

42 BALKANTANZ
    BALKANTANZ

44 „jestem nocą która nie chce się skończyć ..."
    "I am a night that doesn't want to end ..."

46 PIĄTA RANO, ZIMNO
    FIVE IN THE MORNING, COLD

48 PIERWSZA NAPRAWDĘ CHŁODNA NOC
    FIRST REALLY COLD NIGHT

50 MISTERNIE, MISTERIOSAMENTE
    INTRICATELY, MYSTERIOUSLY

52 HYMN
    HYMN

54 „sznurki tak samo. tak, każdy sznurek ..."
    "the same goes for string. yes, every string ..."

56 PACH! PACH! PACH! KOROWÓD DZIADKÓW
    PUFF-PUFF-PUFF! PARADING GRANDPAS

58 9
9

60 WIOSNA
SPRING

62 13
13

64 KIELCE WIDELCE
KIELCE WELLS

66 „precyzyjnie to przeprowadzić . . ."
"a precise procedure—the air, rough-hewn . . ."

68 SŁUCHAJ! TUTAJ, DNI ZMECHACONE
HEY YOU, LISTEN! THESE ARE DINGY DAYS

70 AKTUALNE
THE LATEST

72 8
8

74 9 OBRAZÓW Z ŻYCIA CZEREPU
9 IMAGES FROM THE LIFE OF A SKULL

76 „Północ, rozlewiste czerwcowe zmierzchy wyciągające . . ."
"In the North, expansive June sunsets extend . . ."

80 PATRZ, OŚCIUSZKO
HARK OSCIUSKO!

84 30.02.2002
02/30/02

86 PROSTA HISTORIA
A SIMPLE STORY

92   (MÓGŁBY BYĆ TYTUŁ: ANDRZEJ SOSNOWSKI PISZE I
        ZARAZ DRZE NA KAWAŁKI LIST DO JACKA PODSIADŁY)
      (A POSSIBLE TITLE: ANDRZEJ SOSNOWSKI WRITES A
        LETTER TO JACEK PODSIADŁO AND IMMEDIATELY
        TEARS IT UP)

96   1999
      1999

98   TRZESZCZĄ DRUTY TRZESZCZĄ
      CRICKLING AND CRACKLING WIRES

100 102 UWAGI O DWÓCH MIASTACH
      102 NOTES ON TWO CITIES

110 W ODCINKACH
      SERIALIZED

118 ROMEK PAZUR (BEZ WYSIŁKU)
      ROMEK PAZUR (EFFORTLESS)

122 TYGRYS! TYGRYS!
      TYGER! TYGER!

124 „rok zawinął ogonem i macha teraz krótkim ..."
      "the year caught its tail and now wags a little one ..."

126 NIE WIEM O CO CHODZI
      NOT SURE WHAT THIS IS ABOUT

128 PROSTA HISTORIA
      A SIMPLE STORY

130 WIERSZ DLA ANN FRENKEL
      A POEM FOR ANN FRENKEL

132 ŻYWI
      THE LIVING

134 TWO STEP
TWO STEP

136 ZAWSZE FRAGMENT. TELEFONING
ALWAYS A FRAGMENT. TELEPHONY

138 KROPELKA
KRAZY GLUE

140 KARTKI
POSTCARDS

144 RUTHERFORD. ŚMICHY CHICHY Z PEWNEGO SPOSOBU WSADZANIA
RUTHERFORD. MAKING FUN OF A CERTAIN TYPE OF INSERTION

146 WITTANKO
GREETTGENSTEIN

148 ONA WIE, ALE NIE PUŚCI PARY
SHE KNOWS BUT KEEPS MUM

150 ZBIESZENIE SIĘ PREZENTERKI PROGRAMU MUZYCZNEGO
   KANAŁU AL-DŻAZIRA
THE MUSIC HOUR HOSTESS ON AL-JAZEERA THROWS A FIT

152 ON MA
HE HAS

154 HIATUS
HIATUS

156 HIATUS
HIATUS

158 HIATUS
HIATUS

160 IN LINE AGAIN
IN LINE AGAIN

162   IN AGAIN AGAIN AGAIN AGAIN
IN AGAIN AGAIN AGAIN AGAIN

164   IN LINE AGAIN AGAIN
IN LINE AGAIN AGAIN

166   IN LINE AGAIN AGAIN AGAIN
IN LINE AGAIN AGAIN AGAIN

168   IN AGAIN AGAIN
IN AGAIN AGAIN

170   IN AGAIN AGAIN AGAIN
IN AGAIN AGAIN AGAIN

172   „będzie jechał na zblokowanym moście aż pogruchoce dyfer."
"he'll drive with a blocked axle till he kills the diff."

INTRODUCTION

Any Polish poet who began developing artistically during the fall of communism and continued writing into the 21st century must have experienced vast amounts of change; one would expect his poetry to reflect this. And indeed what strikes the reader most in MLB's poems is the sense (and movement) of place.

MLB himself comes from a background of mixed geographies. His mother is Slovenian (a literary translator and sister to the Slovenian poet Tomaž Šalamun) and his father is Polish; MLB was born in 1967 in Koper, Slovenia. Although he was mostly brought up and educated in Poland, he spent much time in Slovenia (in addition exposed to Italian and German influences). And since the 1990s MLB has worked in the Middle East as a geophysical engineer, traveling back and forth between there and his home in Kraków, Poland. It is not surprising then that his poems reflect the journey from one place to another (both geographical and personal). In "Krazy Glue" from his 2006 volume, MLB riffs on his

> family lines between strict kind-hearted self-declared
> fathers Tito (Ranković)—Gomułka—Tito (Dolanc)—Gierek
> then obviously Jaruzelski Jaruzelski, enough of this carouselski
> Rakowski king of "Fresh Rolls' Poland," and then a switch
> to Lou Reed Lou Reed Lou Reed, arise you wretched

His early poem "Good evening, my name is Mr. Mickiewicz," takes on the mantle of the outsider trying to figure out where he belongs in the world. In "Serialized," the plaint about being in a city "not mine" is really a metaphor for a more personal desire for belonging and trying to find the right place to be.

But for all these feelings of restlessness, MLB's very strong and personal roots in Kraków come through in many of his poems. He evokes the place and structure of the city. In "Egg Roll" from his 1993 volume, he muses that

> it's one of those days
> when the world revolves
> around the axis of Grodzka-Floriańska.

There is no irony in this, nor ten years later in his affectionate ode to Kraków, "102 Notes on Two Cities," when he writes that "the world outside the [Kraków Planty] Ring doesn't count."

The other pervasive feature is one of sound and rhythm. The poems resound with the rhythm of words, the rhythm of the text, the "beat" of specific words, and the use of music as a metaphor (which leads the reader to sound). Sound itself is used as a metaphor. In "Olsza" MLB takes the reader from the expansive feeling/falling of night, to sudden irrepressible and contagious nanigo drumming

> tum-tum-tara-´uh-ta´uh-ta´uh-ta (left foot four
> times)

then to a lyrical bit where he uses a musical metaphor—and makes it sing as well.

> this is Olsza and here is
> a tonic second that must become a dominant fifth.
> otherwise the world sours. perishes.

The excerpt from "Krazy Glue" above is another example with riffs or small melodic and/or rhythmic fragments sprinkled in here and there. MLB's use of musical terminology is sometimes simply fun, such as in "Hiatus."

> being thrown into a funk of parallel fifths in different quarters
> of town
> a quartal chord? a square peg! only two cents off.
> plus two more equals four. c'mon, I would have to be Schnabel.

Just pure fun.

Another interesting theme within MLB is the intersection between the working class and intelligentsia. There is frequently a feeling of being out of step or an outsider/wannabe to a different social class or position. Yes, this particular theme can be read as irony, but there is a fine line between irony and admiration. Is it just a clever conceit when MLB expounds "On the Preeminence of the Working Class," in his early poem about miners going down mining shafts to keep the earth in rotation? In "Postcards" MLB gently parodies the "middle class" on vacation. He channels "Romek Pazur," a crude but sensitive womanizer, in quite an affectionate manner. Seasonal workers show up in several places in other poems—this is interesting especially that they evoke a temporary and always moving sense of place. The delightful "Massachusetts" evokes Polish construction workers in America with its mix of local slang and Polish/English. "Tyger! Tyger!" is revelatory as it straightforwardly deals with being comfortable in one's own skin.

And then there is the (almost embarrassingly!) sentimental and romantic MLB. There are poems that are romantic in the traditional sense, expressing individual wonderment, fear or sorrow at the natural world and the personal condition. Often this covers another layer of meaning, but the feeling is still often overwhelmingly sentimental and romantic.

> the rosy time begins
> fading night rapidly becomes dawn
> just like that, in flight, her body
> blushes blooming from under the fabric

fresh shine takes over more and more sky,
pushes aside the watery ink washing up
the last remaining stars. rosy dawn gazes
from above the horizon, in silence.

The images simply glisten, as in "I walk and walk through a wide valley." Sometimes the second layer is out in the open, as in "my beloved is mine again" which easily can be read as a paean to smoking weed.

my beloved is mine again
I feel her in my lungs, along my spine
I feel her blood in my veins
my beloved is mine
what are two months, or two years
or four lives without her—wasted, that's what

The poems in 69 span MLB's poetic output from 1993 to 2006, including selections from four earlier volumes: * or *Gwiazdka* (1993); *OO* or *Dwa groszki* (1994); *Pył/Łyp* (1997); and *No i tak* (2002); as well as poems written especially for 69. The early poems represent a period when MLB was one of the principal poets of the bruLion generation (1987–1997), so named after the literary journal *bruLion* in which many of the poets published. Although the bruLion poets did not all fall into the same stylistic category, a number of them were followers of Frank O'Hara (O'Harists) who had only just been translated into Polish; yet they all represented experimental artists writing on the cusp between the fall of communism and the rapidly changing post-communist years.

MLB represents a continuation in the development of Polish poetry which tends to be less narrative, and more "linguistic" (language-oriented) than its American counterpart. MLB's extraordinary linguistic awareness, interplay between various levels of speech, and amused wonderment with language as a rather curious means of communication lurks underneath all his poetry. This wordplay sometimes can cleverly take over a poem as in "Homage (Two Sonnets)," and sometimes is just there for the sake of it. Some poems read as overheard vignettes or bits of conversation. In many of MLB's later poems (the "69" section of *69*) his attention to words overwhelms most other themes (and any sense of narrative). Sometimes the texts seem like jumbled musical fragments of conversation, ideas or concepts propelled forward, and then suddenly pulled up short in the final moment to give some sense of clarity, as in the end of "She Knows But Keeps Mum"

> is it the same simoom in Jerusalem as Moscow, miles of sand?
> or Anna Dymna on a broomstick in 2.5D effectors? I'm not
> about this. a verb in the first person: over a body of water sure
> an orange rubber hose, I blow air in the brains
> of young wives through their ears—a bra
> bifurcates in blood orange hues—she keeps
> mum, close to her chest, not a word.

These poems require patience and faith in the poet that he's not leading the reader on a wild goose chase. But the rewards can be worth it—sometimes a giggle and sometimes an insight (or "sometimes a giggle, sometimes a google," as MLB puts it).

Reading MLB in Polish, especially his more recent poems, is like being carried along by a capricious flow of speech that feels natural even if it often disregards the norms of standard written language or discursive logic, and freely leaps between various vernaculars. Rendering this in another language is a balancing act between fidelity to the letter or even "spirit" (especially social context) of the original, and the natural flow in the target language—which is vastly different than in the language of the original. A word or a phrase literally translated or substituted with its English equivalent, or even an approximation, can jar or plainly make no sense. And the alternative is to uproot the poem from its original context and either blend it into the linguistic mainstream, or plant it in a particular subculture, different in each instance but always distinctly American, not Polish. Often finding myself between a rock and a hard place, I had to play it by ear, literally and metaphorically, hoping that the imagination of the translator would stand up to the virtuosity of the poet.

Many of MLB's poems evoke specific details of the rapidly changing post-communist years and equally rapidly shifting meanings and usages of words. "Kapusta w krokiecie," literally "cabbage croquette," was a popular street food served from campers converted into fast-food bars that mushroomed in the early '90s; in translation it became "egg roll." The Polish woman's magazine *Viva* could be translated as *Cosmo* without too much sacrifice. But for the expression of self-deprecating patriotism by a reference to Polish poets named backward in "Akslop," the only solution was to use a footnote "(Akslop=Polska (Poland); Diwron=Norwid and Cziweżór=Różewicz)." And in "Romek Pazur," the phrase "w Klubie Kulturalnym" refers to an actual bar in Kraków filled with post-hippie pseudo-intellectuals and satori seekers. At the same time, the name itself is generic, something like "Cultural Club" or "Culture Club." After much pondering, the solution turned out to be the opposite of the original: a proper name that is ubiquitous enough to suggest the same kind of clientele—"Lotus Club."

Working with MLB, I was fortunate to get the chance to work closely with an author who has a sophisticated knowledge of English. Attuned to minute nuances, yet aware of his limitations as a non-native speaker, MLB never insisted on his original ideas or particular details. Our collaboration took place in a dialogue over a seven-year period, primarily through many lengthy emails. The pattern of work had the translator (FLV) sending a draft version of a string of poems (a section of the volume) and the poet (MLB) responding with comments on particular fragments or words, and then the translator responding to these comments. The exchange would continue until a satisfactory version of translation emerged; usually at least once more back and forth.

Our discussions would cover a variety of issues including meaning, tone, meter and Polish vs. English/American allusion; they would encompass broad philosophical or cultural issues as well as allusions to current politics. FLV and MLB argued over such things as translating "plasticdromedary" as "plasticamel" (finally using a photo on the internet to settle that this peculiar-looking Citroën Mehari could be so called).

Indeed, resources on the internet helped immensely. For instance, MLB referred FLV to a web page with examples of nanigo drumming rhythm to illustrate his usage in "Olsza." When MLB used idiomatic terms from the worlds of rock climbing, mining, and physics, many false starts and countless sources were consulted before both translator and poet were satisfied.

This endeavor encompassed virtually half the world: Kraków, Saudi Arabia, and the Egyptian desert; Boston and Riverside, California; and many people have offered advice and support. I am particularly grateful for the feedback from the Boston-area literary translators' group; our gatherings and the mutual translation support proved invaluable. And special thanks to Christopher Mattison for bringing this project to fruition.

Frank L. Vigoda

DWUDZIESTA TRZECIA
czterdzieści cztery:

węższy od ostrza żyletki przesmyk
między „jeszcze nie" i „już nie"
czy raczej któraś z fal oceanu
pomiędzy jednym i drugim skokiem
wskazówki dworcowego zegara

a czy nie jest tak
że chwile jak groch sypią się
poprzez przestrzeń
i tylko pamięć
nawleka je na wspólną nitkę

z przeciągłym zgrzytem
w zakrzepłej lawinie świat
ła sodowych lamp
pociąg wzdryga się i rusza z miejsca

ELEVEN
forty-four

a strait narrower than a razor blade
between "not yet" and "no more"
or perhaps some ocean wave
in between leaps
of the hand on the station clock

so isn't it
that moments roll across space
like beads
and only our memory
strings them onto a common thread

with a drawn-out screeching
in the frozen ava-
lanche of sodium lamp light
the train shakes and begins to move

Dobry wieczór, nazywam się Mickiewicz, jestem
Białorusinem. pierwszy w Polsce pisałem jak O'Hara
potem wszystko mi się poprzestawiało, do żony
zacząłem się zwracać per mebel. przez chwilę
myślałem o staniu się jednym
z tłumem prymitywów zadeptujących Place de la Concorde
adidasami „Podhale". moja pycha zdradziła mnie i wyśmiała.
przez chwilę myślałem o staniu się jednym
z kosmicznym tonem Wszechświata, duchowym czynem,
świętością urzeczywistnioną. zostałem mistycznym kapralem
nawiedzonych paranoików zarywających
noce nad plastikowymi flaszkami wina za sześć franków
przed wyjściem do roboty na szóstą na czarno na budowie

właściwie przestałem pisać, czasami opowiadam klechdy
o Polsce, wzruszam publiczność, biorę za to pieniądze
właściwie przestałem pisać. coś wisi w powietrzu,
jakieś oczekiwanie, kiedy przymknę powieki
widzę przez drgające w upale powietrze czerwoną
spękaną skorupę ziemi, pokryte kurzem woły
ciągną wóz o wielkich drewnianych kołach,
przebiegam chłodne ścieżki Manali z ładunkiem
haszyszu na plecach, dżip przeciążony bronią z przemytu
mozolnie wspina się na porośniętą parującą dżunglą górę
odprowadzany obojętnym spojrzeniem Malgaszów, tych czarno-
skórych Chińczyków.

4

Good evening, my name is Mr. Mickiewicz, I am
a Belarusian. I was the first one in Poland to write
like O'Hara. then I got confused and started
calling my wife a piece of furniture. for a time
I wanted to become one with the crowd
of bumpkins trampling the Place de la Concorde
in their "Podhale" sneakers. my hubris betrayed
and ridiculed me. for a time I wanted to become one
with the cosmic harmony, a spiritual revolt,
holiness incarnate. I became the mystical corporal
for paranoid lunatics wasting away their nights
over plastic bottles of six-franc wine before taking off
at six in the morning for some under-the-table construction job

in fact I stopped writing, sometimes I tell stories
about Poland. the audience is touched and they pay.
in fact I stopped writing. something is in the air,
some expectation. when I narrow my eyes
through the shimmer of heat I see the earth's
cracked red crust, dust-covered oxen
pulling a wagon on big wooden wheels. I make my way
down Manala's cool paths with a load of hashish
on my back, a jeep overloaded with smuggled arms
crawls up a hill covered with steaming jungle,
followed by impassive gazes of the Malagasy, those black-
skinned Chinese.

w nocy budzi mnie bicie bębnów i jazgot tureckich piszczałek
w ciszy wpatruję się w sufit, jakbym miał dokądś jechać,
jakbym miał złapać hiva i umrzeć, jakbym dawniej latał cały
teraz tylko jako sadza.

at night drumming wakes me and the racket of Turkish pipes
I stare at the ceiling in silence as if I were to go someplace,
as if I were to get HIV and die, as if I once flew whole,
now just soot.

O DONIOSŁOŚCI KLASY ROBOTNICZEJ

myślisz, że nie widziałem tych tysięcy mężczyzn
z początkiem każdej zmiany przemieniających się
w brudnobure E.T. w gumiakach, z nonszalancją
odbijających karty w zegarze, uchylających
hełmów przed oleodrukowych kolorów św. Barbarą
w nadszybiu. te wagoniki z węglem w telewizji
to kamuflaż (o właściwym celu kopalń się
nie mówi) większość z nich pod ziemią po prostu
ustawia się w korytarzach, twarzami na zachód,
cierpliwie, na trzy zmiany, drepczą w miejscu.
(wiewiórka biegnąc w miejscu wprawia bęben w ruch)
nie pytaj mnie więcej, jak to jest, że się Ziemia obraca.

ON THE PREEMINENCE OF THE WORKING CLASS

don't you think I haven't seen those crowds of men
at the beginning of each shift turning into
colorless ETs in work boots, casually
punching their time cards, tipping
their hardhats before oleographs of St. Barbara
in the elevator shafts. those cars full of coal on TV
are just for show (the real purpose of mines
is never mentioned) underground most of them
simply form lines, facing west,
they patiently walk in place in three shifts
(a hamster turns the wheel by running in place)
so stop asking me how the earth rotates.

AKSLOP

Akslop, może to jakieś duńskie miasto
jestem tu przejazdem, co prawda na
nieco dłużej, bo ministrowie rolnictwa
usiedli na bańkach z mlekiem i zatarasowali
wszystkie szosy. zdążono mnie trochę rozwałkować
lokalnymi osobliwościami, jak Diwron
czy Cziweżór. kochałem tutejsze dziewczyny,
policja parę razy pogoniła mnie po
chodnikach. mieszkańcy są bardzo serdeczni,
namawiają, żebym został na dłużej. obiecuję
wam, gdziekolwiek się znajdę, zawsze pamiętać będę
Akslop.

AKSLOP

Akslop, perhaps a town in Denmark
I was just passing through but it turned out
to be a little longer because the ministers
of agriculture sat down on milk cans and blocked
the roads. I was ground down by oddities like Diwron
or Cziweżór. I kept falling in love with local girls,
the riot police chased me a few times
down the sidewalks. people here are very friendly,
they're talking me into staying longer. I promise
you, wherever I go I will always remember
Akslop.

*[Akslop = Polska (Poland); Diwron = Norwid and Cziweżór = Różewicz
(major Polish poets).]*

KAPUSTA W KROKIECIE

oczywiście, oczywiście
jeden z tych dni
kiedy świat się obraca
wokół osi Grodzka–Floriańska

bardzo uważnie
opuszczam nogi z chmury gdzie jestem
za każdym razem staram się
trafić w maciupeńki kwadrat Rynku

znajomi w milczeniu
przepływają o dwadzieścia centymetrów obok
zajęci własnymi
pulsującymi wzorami na szkle

fioletowy zmierzch kryje
pomarańczowe polewaczki
krańce olbrzymiej płaskiej przestrzeni
zaginają się i podnoszą

EGG ROLL

yeah, yeah
it's one of those days
when the world revolves
around the axis of Grodzka–Floriańska

I lower my legs from the cloud
very carefully
I always try to
hit the tiny square of the Square

people I know silently
float by twenty centimeters away
lost in their own
patterns flickering on the glass

purple dusk covers
orange water trucks
the edges of the vast flat space
curve and rise

moja przyjaciółka znów jest ze mną
czuję ją w płucach, wzdłuż kręgosłupa
czuję jej krew w swoich żyłach
moja przyjaciółka jest ze mną
co znaczą dwa miesiące – dwa lata
– cztery życia bez niej – zmarnowane i tyle
Ziemia znów obraca się pod stopami
i Niebo obsypane gwiazdami nie musi
krzyczeć, drzeć się, rozdzierać na szmaty
moja przyjaciółka wróciła
całuje mnie od środka i
w jej oliwkowych i szarych oczach
miłość bez słów o miłości

my beloved is mine again
I feel her in my lungs, along my spine
I feel her blood in my veins
my beloved is mine
what are two months, or two years
or four lives without her—wasted, that's what
the Earth again revolves under my feet
and the star-studded Sky does not need to
cry out, burst into tears, tear itself apart
my beloved has returned
she kisses me within
her olive and gray eyes
love without words of love

MITTELEUROPA

pies zeżarł już pół księżyca, ktoś wstawił
ruskie radio zamiast szybkościomierza.
pędzi auto przez noc, nawija na koła
czarny makaron szosy. ruskie radio
odtwarza mowy Schönberga, powietrze
granica za Mikulovem, ledwie zauważona,
tylko linie na szosie teraz o niebo
lepiej widoczne. wioski tak samo ciche,
spadł deszcz, lekki, a jednak zerwał się
z nieba.

MITTELEUROPA

the dog already swallowed half the moon, someone
installed a Soviet-era radio instead of a speedometer.
the car speeds through the night winding the black
pasta of the road onto its wheels. the Soviet radio
plays speeches by Schönberg, the air,
the border past Mikulov barely noticed—
except the lines on the road are now infinitely
more visible. villages are equally quiet.
the rain, a light one, still managed to break free
from the sky.

SPALATO

ostatnio na ogół nic. goręc. nie
spałem i w głowie zaczęło mi skwierczeć
wszystko łączy mi się ze wszystkim
w przecudne fantasmagorie, niestety
zwykle robi się z tego jakieś chujstwo
wszystko ze wszystkim, nie niesie żadnej
informacji. tymczasem robi się noc,
na chodniku, przetacza się towarzystwo,
rozbawione, do Warszawianki, znienacka
Edzia dostaje kwiaty, więc reszta zaraz
woła że to Włoch, to Włoch i dlatego.
zaraz się okazuje, co z niego za
Włoch, sono slavo, da Spalato,
fuggito dalla guerra. no tak, noi slavi
mamy na ogół dość przerypane. więc nic
nowego, jak mówię.

SPALATO

not much right now. hotter than hell. I
couldn't sleep. my head is boiling
in my mind everything melts
into beautiful fantasies, alas
they usually turn into shit. everything
blends together, carries no information.
in the meantime it's evening, on the
street a rowdy cruising party
heads to Warszawianka, suddenly
Edzia gets flowers, so everybody
says he must be Italian, Italian, that's why.
it turns out he's not Italian at all,
sono slavo, da Spalato, fuggito
dalla guerra. of course, noi slavi
always end up fucked over. so not
much, as I said.

ZACZYNA SIĘ RÓŻOWA CHWILA

zaczyna się różowa chwila
wyblakła noc raptownie staje się świtem
właśnie tak, przelotnie, różowieje
jej ciało, kiedy zakwita spod materiału

coraz więcej nieba zagarnia świeży blask,
spychając na bok wodnisty atrament obmywający
ostatnie gwiazdy. różowy świt przypatruje się
znad horyzontu, w ciszy. dokładnie tak samo

przesuwa się brzeg jej ubrania, tak samo
różowią się jej policzki. bardzo ulotna
i delikatna chwila. bo już za chwilę jest

śmiała i oczywista jak ranek – za chwilę
południe, spiekota, oddech przyspiesza,
zasycha nam w gardłach.

THE ROSY TIME BEGINS

the rosy time begins
fading night rapidly becomes dawn
just like that, in flight, her body
blushes blooming from under the fabric

fresh shine takes over more and more sky,
pushes aside the watery ink washing up
the last remaining stars. rosy dawn gazes
from above the horizon, in silence. likewise

the edge of her dress moves, and
her cheeks blush. a very fleeting
and delicate moment. in no time it is

bold and apparent—in no time it is
noon, sizzling heat, breath quickens,
our throats become dry.

(OLSZA)

I

– *coś mnie tknęło.*
– *coś mnie tknęło*, tak to się chyba wymawia.
proszę, okazuje się, że zapadnięcie wieczoru
to nie jest nic innego tylko wieczór który
zapada. i jeśli czasem mówimy zapadnięcie wieczoru
zamiast zapadający wieczór to mamy na myśli
tyle, że właśnie ten wieczór w tym czasie
właśnie taki jest – zapadający. a to nie wszystko!
jeszcze jest *piękny zapach bzów*!

II

wytupywać butem rytm **nanigo**:
tup–tup–tara–u–ta u–ta u–ta (cztery
razy lewą) – facet koło mnie zaczął
tupać, chaotycznie. im bardziej tupać,
tym bardziej chaotycznie. że jestem
opiniotwórczy, psiakrew – schowałem
nogi.

(OLSZA)

I

—*I had this feeling.*
—*I had this feeling*, perhaps this is how you say it.
well, it turns out the falling of the night
is nothing more than a night that is
falling. and if we sometimes say the falling of the
night instead of the night is falling, all we mean
is that at this time, this particular night
is just like this, falling. but that's not all!
there is also the *beautiful scent of the lilacs*!

II

tapping out a **nanigo** rhythm
tum-tum-tara-´uh-ta´uh-ta´uh-ta (left foot four
times)—the guy next to me starts
tapping, randomly, the more tapping,
the more randomly. for damn it
I'm inspiring—so I hide
my feet.

III

jesteśmy na olszy, i to jest
sekunda toniki która musi stać się kwintą dominanty.
inaczej świat skiśnie. przepadnie. czy ty
nie reagujesz już na jezusa? już raczej na mnie
mówią jurek, ale nie, reaguję. po prostu
nie usłyszałem. cześć. puhihihi ona się krztusi
(na zapas). i zaczynają bardzo miło rozmawiać.
bardzo mili w swoich białych podkoszulkach.

III

this is Olsza and here is
a tonic second that must become the dominant fifth.
otherwise the world sours. perishes. don't you
answer to jesus anymore? they mostly call me
jurek, but yes, I do answer. I just
didn't hear you. hi there. teeheehee, she covers it up
(just in case) and they start a very nice conversation.
both very nice in their white t-shirts.

szedłem i szedłem szeroką doliną

przez rumowiska głazów, wciąż wyżej
jednym z jej zboczy, na przełęcz, skąd
nagle otworzył się widok na biały
lodowiec schodzący aż do jeziora

po drugiej stronie: lód
wpełza pod wodę, aż odłamują się kry
wyglądające z daleka jak białe cielaki
na zimnozielonej łące – kolory

tak krystaliczne i mroźne, że chłód
przebiega ciało, leżące wygodnie
na szorstkim granicie zalanym
słońcem. środkiem przełęczy

przechodzą trzy maleńkie figurki, mogę
dostrzec szczegóły strojów, a nawet
– wiatr wieje w moją stronę – słyszę
strzępy ich rozmów. wszystko na

miejscu, nawet podłużne czerwone pasmo
chmur przez całą szerokość nieba – skąd
wiem, że to sen – skąd wiedziałem, że nie
był – za pierwszym razem

I walk and walk through a wide valley

through a rubble of boulders, up
one of the slopes to a pass where
suddenly the view opens to a white
glacier flowing down to a lake

on the other side: the ice creeps
under the water and floes break off,
from a distance they look like white calves
on a cold green meadow—the colors

are so sharp and frosty that a shiver runs
down my body resting comfortably
on the rough granite bathed
in sunlight. in the middle of the pass

three tiny figures walk, I see
the details of their clothing and even
hear—blown by the wind—
fragments of conversation. all

is right, even the red ribbon
of clouds across the sky—how
do I know this is a dream—how did I know
it was not, the first time around

MRÓZ

był taki, że drzewa krzyczały
gwiazdy w miarowych odstępach
czasu gasły i osuwały się w dół
z delikatnym brzękiem
trącanej nożem szklanki

też szukam ciszy
ale samo milczenie
pewnie nie wystarczy?

IT WAS SO COLD

that trees were screaming
stars were falling in regular
intervals, slipping down
with a gentle squeak
of a knife on glass

I too seek quiet
but am not sure if silence alone
will be enough.

HOŁD
(DWA SONETY)

I

Kraków, 29.01.1991 – hej! co u Was
nowego słychać, bo u mnie nic nowego nie
słychać, ale może u Was słychać
coś nowego, ponieważ jak już wspomniałem

u mnie nie słychać nic nowego; ciekaw
jestem, co takiego nowego słychać u Was,
bo niestety u mnie nic nowego nie słychać
no więc idę posłuchać, co nowego słychać

u moich znajomych, ale, jak się dowiaduję,
u nich niestety też nic nowego nie słychać
i oni mnie pytają, co u mnie nowego słychać

no i niestety rozczarowali się, ponieważ
u mnie nie słychać nic nowego i powiedziałem im,
że u moich znajomych z Buszyna też

HOMAGE
(TWO SONNETS)

I

Kraków, 1/29/91, hey! what's
new, nothing much here but maybe
something's new with you;
as I said

nothing much here so I want
to know what's really new because
unfortunately nothing really much
here; I asked my friends

what's new but there's
not much there either;
they asked me too

and were let down;
I told them about my friends
in Buszyn, nothing much there

II

nic nowego nie słychać, więc mówię,
że u moich znajomych, których Wy nie
znacie niestety, u nich też nic nowego
nie słychać. bo chodzi o to, by coś

nowego było słychać, a nie starego.
więc co słychać nowego napiszcie, bo
u mnie nic nowego, u nich też nic
nowego i u tamtych też nic nowego,

a tamci także mówią, że nic nowego
więc proszę uratujcie nas wszystkich
powiedzcie, że jednak coś nowego

u Was słychać, z poważaniem
Mirek Gonzales Flokiewicz,
Kraków ul. Krowoderska 57/4a

II

either, that is I said
there's nothing much going on
with these friends you don't know;
but the thing is, something

should be new, not same old same
old; so what's new, write me because
there's nothing much happening
here or with them or the others

who also say there's nothing,
so I beg of you, save us,
say there is

something, sincerely yours,
Mirek Gonzales Flokiewicz
57 Krowoderska Street #4a, Kraków

VIRTUAL REALITY

idę & podziwiam jak precyzyjnie to jest zrobione
nacisk na podeszwę dokładnie w chwili
kiedy spód nogi spotyka się z chodnikiem
trochę przekręcę głowę i oglądam trochę inny
fragment obrazu. czerwona ciężarówka
i warkot, z lewej, głośno
w środku, z prawej strony.

kurz, wirowanie – bardzo
realistycznie oddane. ale cóż to? puff puff puff
jak młocarnia albo zespół punkrockowy. albo własna
krew w uszach. za wieżę ratuszową:
ci sami hipisi na bębnach, co zeszłej wiosny
nawet ten sam rytm. może jednak krew – tylko
usłużny procesor podsuwa obrazy

na poczekaniu: bębny, włosy, zwiewne
sukienki dziewczyn – żeby wrażenia trzymały się
kupy. chłopiec obchodzi gapiów z odwróconym
bębnem i zbiera datki. wrzucam dwa tysiące, patrzy,
bąka: fanks. fanks? co za fanks?
dorobiliby polskie komunikaty.
zresztą, trudno – pewnie piracka kopia.

VIRTUAL REALITY

I walk & marvel at how realistic it is
I feel the pressure on my shoe exactly
where the sole of my foot meets the sidewalk
tilt my head slightly and I see a little different
fragment of the picture. a red truck
roaring on the left, louder
in the middle, on the right.

dust, whirling—very
realistic. but what's that? oomp-oomp-oomp
like a thresher or a punk band. or is it blood
in my ears? behind the city hall tower
the same hippies with drums as last spring
even the rhythm is the same. maybe it is blood—
and the helpful processor serves instant

images: drums, hair, girls' filmy
dresses, so that the sensations make
sense. a boy circulates among the audience
collecting money in his drum. I give him two thousand,
he looks and mumbles, fanks. fanks? what's fanks?
they should have added Polish dialogue. oh well,
who cares, it's probably a pirated copy anyway.

najgroźniejsze jest jednak powietrze, ostrzegają naukowcy
100% narkomanów zaczynało od wdychania powietrza.
osiem do dwunastu razy na minutę, dwadzieścia cztery
godziny na dobę. zaledwie kilka wdechów
może prowadzić do trwałego uzależnienia. pierwszy krzyk,
nagłe, krótkie zachłyśnięcie: wkrótce nie potrafią
żyć bez tego. prochy, opiaty, idee, samochody, poczucie
wyższości, poczucie krzywdy – potrzeba tylko czasu.
brama została otwarta. odwrotu nie ma.

niektórzy z narkomanów przedstawionych w programie
już nie żyją. wczoraj przez całą noc wiał halny,
niektórzy ze starszych narkomanów wdychających powietrze
umrą na serce. bez odwrotu. nie wszyscy musimy
mieć AIDS i żebrać: łyżka nad płomieniem gazowego
palnika – wytworna business kolacja w hotelu –
przyjemne popołudnie w gronie rodziny, przed telewizorem
– gorący, suchy wiatr pędzi październikowe liście
środkiem alei –

the most dangerous of all is air, scientists warn
100% of addicts started out inhaling air.
eight to twelve times a minute, twenty four
hours a day. even a few inhaled doses can lead
to permanent addiction. the first cry,
a sudden short choke—and you can't
live without it. pills, opiates, ideas, cars, feelings
of superiority, of being hurt—just a matter of time.
the gate has opened. there's no return.

some of the addicts featured in our program
are already dead. a chinook blew all night.
some older air addicts will die of a heart condition.
no return. not everybody needs to have AIDS
and beg: a spoon over a gas burner—a fancy
business dinner in a hotel—a nice afternoon
with the family in front of the tv—a hot
dry wind blows October leaves
down the alley—

MASSACHUSETTS

podskocz no tu z tubajforem, maślaku
jesteś miękki jak woda, wiesz,
jak zleżałe masło. mięciutki jesteś
ja rypałem sajdingi u italiańca
kiedyś ty jeszcze robił w majty, tam w peerelu
widziałeś ty kiedy dom z tubajforów, maślaku?
przynieś no dwudziestofuntowy młot
musimy przestawić ten róg o incza
tu żadne kąty nie są proste
widziałeś kiedy taką ścianę z szitroków?
wcierałeś dżoint kampaund w szpary, maślaku?
polewałeś wrzącą smołą rufingi?
modernizm skłębił się pod powierzchnią
i przebił skórę Ziemi tymi wysokimi budynkami
czy ci się to podoba czy nie
ale nie kaszl mi tutaj, maślaku
wykaszlesz watę szklaną z gardła wieczorem, po pracy
przejdź się po północy do donat dankins, dostaniesz
sześć ciastek z przedpołudnia za dolara
zalep sobie przełyk ciastem, to ci dobrze zrobi
miękki jeszcze jesteś. ale nie martw się,
szybko się nauczysz. życie jest bardzo proste
bardziej niż się spodziewałeś
dorobisz się szarej brody i kary ze złomowiska
będziesz podwoził na budowy maślaków
takich jak ty, już za chwilę.

MASSACHUSETTS

pass me a tubajfor, creampuff
hey you're soft as water,
like melting butter, a total softie
I was ripping out sajding for these eyetalians
when you were still in diapers back in Poland
have you ever seen a house made of tubajfors, creampuff?
pass me a twentypound hammer
we need to move this corner over by an incz
not one angle is straight here
have you ever seen a szitrok wall?
have you ever rubbed in dżoint kompound, creampuff?
have you poured boiling tar on rufing?
modernity swirled below the surface
and punctured the Earth's skin
with all these skyscrapers
like it or not
but don't cough on me like that, creampuff
you can cough all the fiberglass out after work
go to dankin donats after midnight they'll give you
yesterday's donats six for a dollar
coat your throat with them, it'll help
you're a total softie but don't worry
you'll learn fast. life is very simple
simpler than you think
you'll get a gray beard, a kar from the junkyard
and you'll be giving creampuffs just like you
rides to work.

HOŁD
(SIERPIEŃ 1936)

pagórki pocięte jak nożem
korytami suchej rzeki
śmierć człapie z góry na koniku
kamienne rozżarzone słońce na
głowie jak sombrero.
mrużę oczy i mówię "myślałem
że jesteś w Grenadzie"
"przecież umówiłam się z tobą"
tłumaczy miękko. teraz
widzę co ma na głowie:
lakierowany kapelusz
guardia civil.
pagórki są kościste i suche
po drugiej stronie doliny
maleńka ciężarówka. brązowy
kurz wiruje w powietrzu.

HOMAGE
(AUGUST '36)

hills cut by dry riverbeds
as with a knife.
death trudges downhill
on a jennet.
the white-hot stone sun sits
on her head like a sombrero.
I squint and say "I thought
you were going to Granada."
"we had a date,"
she explains softly. now
I see what she's wearing—
a shiny hat
of the guardia civil.
the hills are bone dry.
a tiny truck
across the valley. brown
dust whirls in the air.

BALKANTANZ

czerwone i pulsujące jądro światła
ciemne i wilgotne skórzane korytarze
poziomo przelatują z wyciem tnącym uszy
stalowe skorupy: figlarne potomstwo
powietrznych podróżników startujących z moździerzy.
spotkanie: skorupy i miękkie mięso
krótka przechadzka przez ciało, to tu
to tam. żłobienie czerwonych korytarzy,
w końcu wyjście, na przykład, przez plecy
przy wtórze entuzjastycznej fontanny podrobów.
tylko szaleniec robi dzieci w takim czasie.
mój tata był szaleńcem. którego nie zobaczę.
najboleśniejszym z dziesięciominutowych
wspomnień mojej matki.
już nie żyje. ja żyję.
patrzę na świat przez oknopępek mojej matki.
kiedy dorosnę będę jak mój tata.
świat jest szeroki, piękny, biały
tyle domów niestrzaskanych, jeszcze.

BALKANTANZ

red pulsating heart of light
dark damp leather tunnels
steel shells fly with ear-
splitting howls—playful offspring
of air travelers launched from the mortars.
a meeting of shell and soft flesh,
a short walk inside the body, here
and there, drilling red tunnels,
then the exit, say through the back,
accompanied by a frenetic fountain of innards.
only a madman makes babies at such times.
my dad was a madman. I will never see him.
he is my mother's most painful ten-minute
memory. he's dead.
I am alive. I look
at the world through my mother's navelwindow.
when I grow up I'll be like my dad.
the world is wide, beautiful and white,
so many houses not shattered—yet.

jestem nocą która nie chce się skończyć
gorącą i suchą aż skleja się gardło
miękkie ściany wyściełane śluzem, kurzem

jestem metrowej wysokości literami IŁAWA GŁÓWNA
trupim światłem lamp sodowych
wściekłym świstem świetlówki w korytarzu

jestem bełkotem hipisa domagającego się
trzech tysięcy na herbatę
bo psy przed chwilą go puściły

jestem psami kulącymi się w przeciągu na peronie
z oczami czerwonymi z niewyspania
z głowami w kołnierzach mundurowych kurtek

jestem stalową rzeką pod mostem
jestem dudnieniem pociągu o kratownicę mostu
jestem rtęciowymi mgłami budzącymi się po polach

jestem urwanym oknem, podróżą bez morału
jestem urwanym oknem przez które mgły wdzierają się
do środka, jestem stukotem, drogą, nocą.

I am a night that doesn't want to end
so hot and dry my throat sticks
the soft walls coated by mucus by dust

I am the giant letters IŁAWA GŁÓWNA
the ashen glow of sodium lamps
the loud buzz of a fluorescent tube in the corridor

I am the mumbling of a hippie demanding
three thousand zlotys for a cup of tea
because the pigs only just let him go

I am the pigs on the platform hunched in the wind
eyes red from lack of sleep
chins tucked in the collars of their uniforms

I am the iron-gray river under the bridge
I am the clatter of a train on the bridge's grid
I am a mercury vapor rising above the fields

I am the broken window a trip without a moral
I am the broken window that lets the fog
seep in, I am the clatter, the travel, the night.

PIĄTA RANO, ZIMNO

jak Warszawa jako olbrzymi odkurzacz
zasysa ludzi – zdrzemnąć się w Siedlcach
w pustym pociągu, żeby się ocknąć mając
otyłą kobietę w włóczkowym berecie po lewej

stronie i po prawej i twarze, szare twarze,
zmęczone twarze, obrzęknięte z niewyspania
twarze w milczeniu kołyszące się zgodnie z
szarpnięciami pociągu, razem. gwiazdy

niemrawo i jakby dla formalności stawiają
ostatnie kroki zwyczajowego kontredansu
i nieruchomieją w oczekiwaniu na fabryczną
syrenę słońca. przez chwilę czuję się

tak koszmarnie nie na miejscu, jakiś dandy
w fikuśnie obszarpanej kurtce. zaraz potem
wyobrażam sobie że właśnie nie, jestem w pracy
dokładnie teraz, kiedy przyglądam się

FIVE IN THE MORNING, COLD

how Warsaw sucks people up
like a giant vacuum cleaner—in Siedlce,
I doze in the empty train to wake up with
a fat woman in a mohair beret on my

left and on my right, faces, gray faces,
tired faces, swollen from lack of sleep
faces swaying silently together with
the moving train. the stars

lazily and as if out of habit take
the last few steps of their contredanse
and pause waiting for the factory siren
of the sun. For a moment I feel

so terribly out of place, like a dandy
in my elegantly ripped jacket. and then
I think no, I am at work
right now, as I watch

PIERWSZA NAPRAWDĘ CHŁODNA NOC

pierwsza naprawdę chłodna noc. wczoraj brzuchate chmury
ciągnęły znad Drammen i dalej, znad fiordu. nad ranem
zobaczyłem wschodzącego Byka, z jednym okiem jaśniejszym,
tym samym, którym patrzy, jak księżyc zwielokrotnia się

w kryształach śniegu. nad ranem zobaczyłem przyszłość,
styczniowe niebo. wiatr przygina gałęzie, tężeje w małe
kropelki bębniące o parapet. rano woda będzie spływać
z liści w uniesione rękawy, wzdłuż skostniałych rąk

chłodne, wymyte deszczem niebo z białego szkła będzie
się schylać nad ciemną zielenią gałęzi. już niewiele
gruszek zostało na drzewach. sezonowi robotnicy
opuszczą, opuścimy bordową stodołę, sad zostanie

cichy, pod słońcem przebiegającym niebo na skróty,
każdego dnia bardziej pobieżnie. za parę dni
zacznę się pakować. pod powiekami mam już szosę
do Ystad, biały prom, bryzgi szarego morza.

FIRST REALLY COLD NIGHT

first really cold night. yesterday fat clouds
floated in from Drammen and from the fjords. at dawn
I saw Taurus rising, with one eye brighter,
the same one that watches the moon multiply

in snow crystals. at dawn I saw the future,
the January sky. the wind bends branches, freezes
into droplets drumming on the sill. in the morning water
will drip from the leaves down frozen arms into open sleeves

the cold rain-washed sky of white glass will
lean over the dark green branches. not many
pears are left on the trees. migrant workers
will leave, we'll leave the red barn, the orchard will stay

quiet in the sun taking shortcuts across the sky,
every day more and more casually. in a few days
I will start packing up. I can already see the road
to Ystad, the white ferry, the splashes of gray sea.

MISTERNIE, MISTERIOSAMENTE

fioletowiejące niebo, winnice, wszystko bardzo ciasno
wplecione w chwilę. chmury przeplecione-przewiązane
lotem jakiegoś drobiącego skrzydłami ptaka, konturu
na tle różowej plamy niefrasobliwie rzuconej nad

horyzont między gasnące błękity i pomarańcze. czarne
wężozwierze gór wynurzających się to niknących
być może ledwie uchwytnie pulsujących stłumionym od
głosem wielkiego bębna, świata, szkoda, mówi, że

nie mamy jakiegoś aparatu, który by to fajnie uchwycił
i czuję, nadbiega czarny wężozwierz języka i czy
uda się rozsunąć łuski, dobrać do wnętrza przez
obgryzione do czysta kości gór, żebra Ziemi

białe miasteczka uczepione zboczy, mauretańskie
skorupy w korzeniach migdałowców, aż do morza
widocznego stąd jako szaroszara płaszczyzna
łagodnie i bez napięcia przechodząca we

INTRICATELY, MYSTERIOUSLY

sky turning violet, vineyards, all tightly wrapped
up in the moment. clouds laced-lashed by
flitting wings of some bird, black shape
against red blot carelessly cast above

the horizon between fading blue and orange. black
snakebeasts of mountains go in and out of view,
perhaps nearly imperceptibly throb with the re-
sounding large drum, the world. too bad, she says,

we don't have a camera to capture it and I feel
the black snakebeast of tongue come near and if
I manage to part its scales, reach inside through
the bare bones of the mountains, the earth's ribs

white towns clinging to the slopes, Moorish
shells among the roots of almond trees, all the way
to the sea, from here a graying gray surface
effortlessly and smoothly rolling into

HYMN

plamy po owadach są przejrzystym światłem, pełnym mocy.
szczątki owadów roztrzaskanych o przednią szybę,
    są przejrzystym światłem.
spieniona wybojami rzeka hucząca pod mostem ciężarówki,
    jest przejrzystym światłem.
przedni i tylny most ciężarówki, płynące nad zakrzepłą
     asfaltową rzeką, są przejrzystym światłem.
wielkie zaorane pole, białe od bocianów zbierających się
    do lotu, jest przejrzystym światłem.
pielgrzymka idąca skrajem szosy, zakonnica z megafonem
    na drągu, są przejrzystym światłem.
pielgrzymi w ukośnych sznurach deszczu, zakonnica
    z megafonem na drągu, są przejrzystym światłem.
bociany brodzące po brunatnym polu, ściernisko odwrócone
    twarzą do ziemi, jest przejrzystym światłem.
dzieci sprzedające zakurzone śliwki na poboczu,
    są przejrzystym światłem.
napięta skóra śliwek pod nićmi deszczu, dzieci tulące się
    do pnia pod gęstą koroną, są przejrzystym światłem.
grobla powyżej szosy, posiekane igłami deszczu lustro stawu,
    jest przejrzystym światłem.
szczelina czerwonego nieba pomiędzy deszczem i horyzontem,
dwarzędy lip odprowadzające mokry piach do horyzontu,
czerwony odblask na drutach wzdłuż szosy.

HYMN

smears from insects are pure light full of power.
remains of smashed insects on the windshield are pure light.
the river bubbling with potholes rolling under the bridge of our truck's
                axle is pure light.
the front and rear axles floating over the solid asphalt river are pure light.
the big ploughed field white with storks gathering for flight is pure light.
the pilgrimage walking alongside the road, the nun with a bullhorn stuck
                on a stick are pure light.
pilgrims in sideways ribbons of rain, the nun with a bullhorn stuck on a
                stick are pure light.
storks wading in the brown field, stubble turned face down is pure light.
children selling dusty plums on the roadside are pure light.
the plums' taut skin in the strings of rain, the children clinging to the
                tree trunk under its thick crown are pure light.
the dyke above the road, the pond pinpricked with rain is pure light.
the slit of red sky between the rain and horizon
two rows of lindens leading wet sand to the horizon,
the red glow on the wires alongside the road.

sznurki tak samo. tak, każdy sznurek
ma dwa końce. marionetka też
pociąga za sznurki, tyle że z drugiej strony.
i porusza ręką lalkarza? a ten się cieszy!
nie, nie, czekaj, teraz inne wyobrażenie:
strasznie dużo, no MILIARDY takich małych kukiełek
i poruszają – Bogiem.
a on se, wiesz. stwarza.
hy hy
stwarza se.

the same goes for string. yes, every string
has two ends. the marionette pulls
the string too, only from the other side.
does this move the puppeteer's hand? does he rejoice!
no, wait, wait, here's another image:
tons, BILLIONS of little marionettes,
and they move—God.
while he, you know. he creates.
ha ha, he
creates!

PACH! PACH! PACH! KOROWÓD DZIADKÓW

pach! pach! pach! korowód dziadków
na wilgotnej ścieżce wzdłuż działek.
glina i piach przesiąknięty, namuły
dawno już przywłaszczyły sobie to miejsce.
asfalt tylko dla zasady prześwieca, spod spodu
udaje miasto. te przestrzenie pokawałkowane
oczkami siatki są naprawdę jednym pokojem,
wspólnym. możliwości skomunikowania się
nieziemskie, nieziemskie. Wojtek czeka
tylko jeszcze na telefon wielokomórkowy, z jamą
chłonąco-trawiącą.

PUFF-PUFF-PUFF! PARADING GRANDPAS

puff-puff-puff! parading grandpas
on the wet pathway along the community gardens.
clay, soaked sand and mud have long
claimed this place. the pavement barely
shows through from underneath,
faking a city. these vast expanses chopped up
by chain-link fences are really a single common
room. the possibilities of contact are
simply out of this world. Wojtek waits
only for a multicellular phone, with a
gastrovascular cavity.

9

filmowy pociąg wjeżdża na stację po szynach perforacji.
albo wyjeżdża tyłem, wszyscy chodzą tyłem. zbierają
dym z powietrza, wdmuchują w papierowe tutki.

w życiu tak nie ma. niewiele do odkręcenia:
w jednym błysku, schylony nad kuchenką
(wyjadając makaron z dna garnka) przenikasz

depeszę od dwóch stóp równoległych w dole.
albo budzisz się, skurczony, tak jak, skurczony, zasypiałeś
ciskasz ciało w ramę auta, nie odzywasz się nic.

9

a movie train enters the station on perforated tracks.
or departs backwards, people walk backwards. suck
smoke from the air puffing it back into paper straws.

unlike in real life. little can be undone—
in a flash (bent over the stove
eating leftover pasta from the pot) you get

the message from two parallel feet below.
or wake up as wound up as when you fell asleep.
you cram your frame into the car, saying nothing.

WIOSNA

handluję karabinami, obciera mnie pas z wszytym złotem,
noga monotonnie gnije. taki sen trwa trochę mniej niż dwadzieścia lat.
po przebudzeniu przychodzi przyjaciel B., robotycznie
przeskakuje mu głowa. bez słowa zabiera drobne przedmioty ze stołu

i chce wychodzić. nachodzi go duch Faraona, przymusza do bezeceństw.
kiepskie dla synów jaskółki są jesienie z zapachem palonych liści
i długie, szczerzące nagie gałęzie przedwiośnia. chciałbym,
żeby nie musiał wciąż oglądać, jak ściany pokoju rozginają się,

jak po sąsiedzku skwierczy piekło z szatanami. zmyłki chemikaliów
w głowie. czy fakty, wobec których pozostaje z szacunkiem skłonić głowę.
czy najnowszy premier, któremu widnieje, jest mniej, czy bardziej szalony
czy mniej szalony jest ten, co centryfugę świata łapie za słowa.

SPRING

I deal in guns, my belt sewn inside with gold pinches me,
my leg rots bit by bit. this dream goes on for nearly twenty years.
after I wake up, my friend G. comes, he jerks his head
robotically. silently he picks up small objects from the table

and tries to leave. Pharaoh's spirit seizes him, makes him lewd.
autumn with its scent of burning leaves or long bare branches
in early spring are not good for swallow's sons. I don't want
him to have to watch the walls in the room bending apart and

the sizzling hell next door with its devils. is this a trick
of chemistry in the head. or reality that one must accept.
is the current prime minister, who has a vision, less mad or more,
or is it the one less mad who takes the world's centrifuge word for word.

13

bruki i asfalt wołają: zmieniłeś się.
odbijanie się kroków od twarzy domów woła:
zmieniłeś się. sam na ulicy, dawne grepsy
nie utrzymują ciężaru. zetlała lina.

pierwszy śnieg chce ułagodzić krajobraz,
walczy przez chwilę z szarą temperaturą
chodników, jest zupełnie ciepło. zostaje
delikatną posypką, potem mokrym, potem niczym.

drugi śnieg przez noc opatula goliznę
jezdni w kamizelkę, na alejkach
można wyślizgać szlaję. cofa mnie w dzieciństwo,
znów jednozłotowe monety w kieszeni, niegroźne

przedzieranie się przez cierpliwą pionową pierzynę.

13

cobblestones and pavement shout, you have changed.
the steps echo in the buildings' faces,
you have changed. alone on the street, old tricks
won't carry the weight. the rope is rotten.

the first snow tries to soften the landscape,
it puts up a short fight against the sidewalks'
gray temperature, it's quite warm. what is left,
thin powder, then just wet, then nothing.

a second snow in the night wraps the naked
street in a vest, ice patches can be smoothed out
on pathways. takes me back to my childhood,
again coins jingle in my pocket, an innocent

slog through the patient vertical comforter.

KIELCE WIDELCE

dosyć dużo utrzymywania się w ruchu
chodzenia do fryzjerów, a nuż powiedzą coś cennego
podczas strzyżenia – wstąpiłem właściwie na chwilę,
przeczekać śnieżycę. przeciągnęła się, długo,

daleko w kwiecień. przerośnięta kasza śnieżna
natychmiast rozpuszcza się, skręcone postronki wody
na przedłużeniu włosów, brwi. ciężkie srebrne kule
balansujące na końcach rzęs. krople-pułapki

na liściu rosiczki, cyfrowo animowana woda
migoce w coraz szybszym rytmie. lepkie nici pajęczyn
pod plamkami luminoforu. rtęciowe fale umysłu, przybój

wyjątkowo długo nie robi się ciepło. zawierucha trwa,
w śnieg zamieszane drobne płatki z wilgotnej gałęzi
dzika wisienka, zdążyła zakwitnąć i opaść.

KIELCE WELLS

keeping myself fairly busy, getting haircuts
hoping the barber says something interesting
during the cut; just popped in for a sec
to wait out the snow. it went on and on,

all the way into April. overcooked snow kasha
melts immediately, twisted strings of water
extend from my hair, eyebrows. heavy silver beads
hang off the ends of my lashes. drop-traps

on a sundew leaf, digitally animated water
flickers faster and faster. sticky threads of spider webs
under luminescent dots. the mind's mercurial waves, the breakers

it hasn't warmed up in a long time, the blizzard goes on,
small petals from a wet branch mix with snow,
a wild cherry managed to bloom, then fell.

precyzyjnie to przeprowadzić:
powietrze wyciosane w ciemnym kamieniu
kiosk na rogu św. Filipa i Krótkiej, o tej porze
już nieczynny, w środku niezgaszone ostre światło

przy blaszanym parapecie pogaduchy, czy też
piknik prostytutek. z których jedna, odwrócona tyłem
na zmianę ciągnie jeden łyk ze szklanej flaszki z wódką
i jeden z plastikowej z kolą. wchodzenie w nastrój

do nocnej zmiany. ten swoisty drink
miesza się dopiero w przełyku, po drodze.
już nie mży, wilgotne zimno dalej tnie w głąb kości.

powietrze, zapach mokrych tynków, w kałużach
migotanie latarń. mieszanie się wszystkich obrazów
dopiero w przełyku, po drodze, pęd nieruchomy.

a precise procedure—the air, rough-hewn
from a dark stone, a newsstand
at the corner of St. Phillip's and Short St.,
closed at this hour, bright lights left on inside

a chat at the metal counter or a prostitutes'
picnic. one with her back turned alternates
a gulp of vodka from a glass bottle with a gulp
of cola from a plastic one. getting into

the mood for the night shift. this cocktail
mixes only in the throat, on the way down.
the drizzle stopped, damp cold still cuts to the bone.

air, smell of wet stucco, flicker of street lamps
in puddles. all these images mix only in the throat,
on the way down. a frozen race.

SŁUCHAJ! TUTAJ, DNI ZMECHACONE

słuchaj! tutaj, dni zmechacone
skórzane ryby prześlizgują się przez
krzyżowiska patyków. od kiedy wiosna?

liście miały trzy dni na wystrzelenie: i zdążyły!
dzisiaj od rana znów wcieranie śniegu w beton,
wydreptywanie spirali. biel

i rozrzutne falbany świeżych liści
lśnienia ssą oczy. kiedy się zatrzymam
ina, iza, oza i acja skoczą mi na kręgosłup

i schrupią. wilgotny hałas przeciska się
pod uszczelką, jesteśmy w polu
gdzie najmniejsze poruszenie

nabiera najwyższej wagi.
tak, najwyższej wagi.

HEY YOU, LISTEN! THESE ARE DINGY DAYS

hey you, listen! these are dingy days
leather fish slip through the intricate network
of crisscrossed twigs. when did spring start?

the leaves only had three days. and they made it!
this morning again trampling snow into the pavement
and treading spirals. whiteness

and the lavish flounces of fresh leaves
the glare pinches my eyes. if I stop
ine, ysis, osis and ation will jump on my back

and gobble me up. a wet noise creeps in
under the seal, we are in the field
where the slightest movement

assumes the utmost gravity.
yes, the utmost gravity.

AKTUALNE

kartoflany premier, gumowy prezydent
nie zdążysz nawet pstryknąć palcami
zmrużyć i otworzyć oczu

i nikt już nie będzie pamiętał, kto to
obskurne aluzje, chleb dla frezerów przypisów
nie zdążysz nawet klasnąć, obrócić się

przez ramię, zaprowadzić i odebrać
córki z przedszkola, z wesela
złoty piasek w nerkach twojej duszy

sczernieje i osypie się. papier wytrzyma
tylko chwilę dłużej. mea pulpa. mea
maxima pulpa. minimula in saecula saeculorum.

THE LATEST

a potatohead prime minister, a rubber president
before you even snap your fingers
blink your eyes

nobody remembers them anymore
obscure references, bread for footnote crunchers
before you even clap your hands, turn

around, drop off and pick up
your daughter at her preschool, at her wedding
golden sand in the kidneys of your soul

blackens and spills. paper lasts
only slightly longer. mea pulpa. mea
maxima pulpa. minimula in saecula saeculorum.

8

wieczór, szuler w chwili zamroczenia
albo umyślnie udający, że nie pamięta żadnej
ze swoich sztuczek. przegrywa stawkę światła za stawką.
aż noc bierze bank, wtedy wzdycha, prawie z ulgą.

o co mu chodzi? bałaganiarze, myślowe łajzy
wszystkiemu by przypisywali i przypisywali
ludzkie rysy. tymczasem następne pokolenie
bada pumeks: żółtym kubkiem nalewa do niego wody.

8

the evening, a cheat momentarily gone blank
or just pretending not to remember any
of his tricks. he loses bet after bet of light
until the night takes all. he sighs, as if with relief.

what does he want? scatterbrains, sloppy thinkers
ascribe human features to everything
again and again. meanwhile the next generation
examines pumice: pours water on it from a yellow cup.

9 OBRAZÓW Z ŻYCIA CZEREPU

jadę tyłem, do przodu potylicą, wir informacji
gnie stropową płytę czachy. soczewica koło miele młyn.

piach chrzęści, któregoś dnia wyłamie wał, posypią się
tryby odspojone od macierzy. póki co wrony nad polem grud

obsługuję multum kart i formatów. któregoś dnia, posypią się
jak zęby z pewnych koszmarnych snów o szkorbucie.

proszę przyjść, proszę przychodzić regularnie,
z pana słabym kośćcem skazujemy się na syzyfową pracę.

tymczasem: tyle tygodni używania w snach
pianki super bold, super hold, aż keratyna przemieściła się

z cebulek daleko na źdźbła. przeliczenie się z siłami,
totalne uzewnętrznienie. rwanie włosów garściami, natychmiast

chłód, pod dłonią kształt czachy, obłość, co nigdy
słońca nie widziała. i co na to powiesz, czy będziesz mnie w stanie

dalej kochać. czy będę w stanie dalej się kochać. czy po
zgoleniu głowy, odstawieniu piany wytworzę nowe. pejdżer pikaniem

budzi grzeczne bobo szwagra. szybko po ciemku ubieram się
schodzę w mroźną biel ranka, obkłada mnie, ja jego połami jesionki.

9 IMAGES FROM THE LIFE OF A SKULL

I'm riding backwards, first my occiput, the information whirlwind
warps my skull's ceiling board. shibboleth on the sea shore.

sand crunches, one day the axle will break, cogs will scatter
detached from the matrix. in the meantime crows on a mowed field

I support multiple cards and formats. one day they'll scatter
like teeth in certain nightmares about scurvy.

let's make another appointment, you need to come regularly,
with your weak jawbone this will be a Sisyphean task.

meanwhile: so many weeks of using the super-bold, super-hold
foam in my dreams that all the keratin went straight

from the follicles down to the hair shafts. miscalculation of strength,
total exposure. tearing out hair by the handful, then suddenly

cold, the shape of my skull under my hand, an oval that's never
seen the sun. and what will you say to that, will you still be able

to love me. will I still be able to love me. will I, after shaving
my head, stopping the foam, produce new hair. a beeping pager

wakes my sister's cute baby. I quickly get dressed in the dark, walk
down into the morning's freezing white, it wraps me, I wrap it in my jacket.

Północ, rozlewiste czerwcowe zmierzchy wyciągające
ręce do świtów, smuga wyblakłego światła przemycana
tuż poza opłotkami horyzontu. brodzenie sosen
w piachu, po staremu w wędzidle plaży szarpie się

koń morza, szarego morza. zboże wchodzi
na pagórek, przestępuje wzniesienie
wchodzi do lasu. gdzie kostropate
kaszubskie krasnoludy w ochronnych czapkach z wrzosu

wsysają z sykiem leśne prześwity, poniemieckie
domy o pokruszonych dachach, wydmuchują je
gdzie okiem sięgnąć. i znowu. raz za razem
masz zadziwiająco drobne kryształki soli

na brzegu wargi, zapadam się wzrokiem
składam dyniogłowę na płaskowyżu twojego
brzucha, unoszącym się, zapadającym, raz
za razem. twoja skóra jest z mchu, cała

w jednym kawałku, pomarańczowa,
niesamowita. słońce opiera się na łokciu,
opada mu głowa do wody, z pluskiem.
nie chcę kończyć, nie chcę wynurzać się

In the North, expansive June sunsets extend
their hands to dawn, streaks of pale light are smuggled
just behind the line of the horizon. pines wade
in sand, as always the horse of the grey sea pulls

on the beach's bridle. wheat moves up
the hill, steps over the crest
enters the woods where coarse Kashubian
gnomes in heather camouflage hats

slurp up wood clearings and ex-German
houses with crunched roofs, spew them out
as far as the eye can see. again and again
you have these amazingly tiny salt crystals

on the edge of your lip, my eyes slide under
I put my pumpkinhead on the plateau
of your belly rising and sinking again
and again. your skin is made of moss, all

in one piece, orange,
fantastic. the sun rests on its elbow,
its head drops into the water, a splash.
I don't want to stop, I don't want to emerge

z piasku, raczej zagrzebać się, wwiercić,
jako któraś z tych gwintowanych stożkowych
muszli, poczekać aż przysypią nas zdarzenia
świata, skamienieć powoli, przez miliony

lat, ku radości szczęśliwego, zaskoczonego
znalazcy, nie w jednej chwili, w tej chwili nie –

from the sand, rather bury myself, drill into it
like one of those threaded conical
shells, wait until events cover us
slowly, petrifying over millions

of years for the joy of the lucky surprised
finder, not in a single moment, this moment, no—

PATRZ, OŚCIUSZKO

wolność, wolność
najważniejsza ość
zanurzanie się w noc
na opuszkach palców
tańczenie dotykalne
na co wpada wolność
córeczki niemowlęca
do budzenia się o trzeciej
w zabawowym nastroju
paf, już mnie pogubiło
już nie wiem czego chcę
nie wiem czy chcę zasnąć
czy chcę pełzać po pościeli i gugać
chcenie sterczenia na sztorc
w kryształowej skrzynce
jak królewna Śnieżka
z jabłkiem w tchawicy
uśmiechania się półgębkiem
zza pancernej szyby
z ood-jechaną fryzurą
w zgięciu łokcia trzymania
powykręcanej łasiczki
łe, jak ona śmierdzi
to chyba tchórzofretka
uśmiechania się półkwaśno

HARK OSCIUSKO!

free-dom! free-dom!
ee! ee! is the most important
immersed in the night
dancing feeling
with my fingertips
against my baby daughter's
freedom to wake up
 in the mood for play
at three am
bang, and I'm lost
I don't know what I want
go back to sleep
or crawl in the crib going goo-goo
wanting to be put
in a vertical crystal casket
like Snow White
with an apple stuck in your throat
to half-smile
with wicked cool hair
behind bulletproof glass
to hold a contorted ermine
in the crook of your arm
eww, it stinks
it must be a ferret
to smile half-sourly

zza odpornoodpornej szyby
przeciągające wycieczki
córeczka za 10 lat
rybouste kobiety
zaganiają je w stada
„plują pestkami gdzie popadnie
nie wiedzą kto to był Kościuszko
czy schował armaty pod czapką
czy zastał Polskę drewnianą
w kąpieli"

behind superproof glass
kids on field trips
my daughter in ten years
fish-mouthed women
herd them into flocks
"they spit pits all over the place
they never heard of Kosciusko
they don't even know
what Jefferson said about him
or if he defended our constitution
riding on a donkey."

30.02.2002

trzydziesty lutego
znowu jest
blask ślizgający się przez
stalowe i szare gałęzie
bez zmiękczających liści na brzegach
zszedł śnieg i wiatr robi wiry
z pokładów piasku narosłych przez zimę
na chodnikach
trzydziesty lutego
chwila wciśnięta między ziarna piasku
słońce usiadło na dachu wieżowca
stoliki na zewnątrz pierwszy raz w tym roku
goście mocno trzymają się kufli
pełnych teraz blasku i piasku
cień wieżowca ciemny lodowy miecz
o dwa kroki stąd
nie przesuwa się
jeszcze nie
blask przelewa się przez brzegi kufli
czas zaczepia się na gładkich gałęziach
słońce zawisa w miejscu, jak gdyby
usłyszało nowoczesnego Jozuego
trzydziesty lutego –

2/30/02

the thirtieth of february
again
sunshine glides through
steely gray branches
with no leaves to soften their edges
the snow is gone and the wind whirls
layers of sand that gathered on the sidewalk
during the winter
the thirtieth of february
the moment squeezed between grains of sand
the sun sits on the roof of a skyscraper
tables outside for the first time this year
patrons glued to their beer mugs
now full of sunshine and sand
the skyscraper's shadow a dark icy sword
two steps away from here
is not moving
not yet
sunshine spills over the brims
time hangs on the smooth branches
the sun suspended in place as if
hearing some latter-day Joshua
the thirtieth of february

PROSTA HISTORIA

kończy się okres ochronny
dla pokładów skały płonnej
długo byłem przekonany
że mówi się: skała płona
chyba nikt na górnictwie
inaczej tego nie wymawiał

co teraz porabia Katarzyna Młynarska
pewnie inaczej się nazywa
zawsze wydawała się zmieszana swoją młodością i urodą
wszyscy chłopcy na górnictwie się gapią
błyskała srogo okularami i zadawała do domu
plany kopalni
szybów pochylni sztolni i innych zjeżdżalni
tuszem na kalce na kuchennym stole
przekleństwo!
prosto z górnictwa wskoczyć na wylotówkę
Kalwaria Bielsko Skoczów Cieszyn
więcej się można nauczyć podróżując
Cieszyn jest jeden, jak stanowczo twierdzi Zbyszek
tyle, że w dwóch połówkach
więc pociąg z czeskiej połówki przez Żylinę do Bratysławy
nie przekraczał żadnych granic
i kosztował tyle, co dwie bułki z serem
nie żebym koniecznie żałował tamtych czasów
mówię jak było
do Austrii przechodziło się po długim moście

A SIMPLE STORY

closed season is ending
for layers of waste rock
for a long time I thought
it was wasted rock
that's how everybody said it
in mining school

I wonder what Katarzyna Młynarska is doing now
she probably changed her name
her youth and good looks always seemed to embarrass her
all the mining students stared at her
her glasses glinted sternly as she assigned homework
a diagram of a mine
with shafts ramps drifts and rifts
in ink on tracing paper on the kitchen table
what torture!
straight from mining I would jump on the highway
Kalwaria-Bielsko-Skoczów-Cieszyn
travel expands the mind
there is just one Cieszyn, only divided in two
as Zbyszek firmly maintained
so the train from the Czech half to Bratislava via Zilina
did not cross any borders
and the ticket was little more than two cheese sandwiches
it's not that I miss those days
I'm just telling how it was
with your head spinning from a night on the train

z głową chybotliwą od nocy w pociągu
pod czujnym okiem erkaemistów na wieżyczkach
czechosłowacki celnik znalazł plany kopalni
w zeszycie do górnictwa między wierszami
które uważałem wtedy za ważniejsze od szybów i sztolni
czechosłowaccy celnicy pasjami interesowali się
zapisanym i zadrukowanym papierem
ten typ tak miał
zaczął grzebać głębiej, głębiej, sam byłem zdziwiony co tam wyciąga
życie wydawało mi się nierozdzielną całością
wszędzie nosiłem tę samą torbę
rzeczy opadały na dno jak skorupki okrzemków
sedymentowały, ulegały kompakcji i tak dalej
palce celnika wypiętrzały to teraz jak jakaś orogeneza
czyli ruchy górotwórcze
(muszę uważać, żeby nie używać niezrozumiałych wyrazów
skończyły się dwudzieste wieki i modernizmy
młodzi starzy gniewni fani zrozumiałości
ostrzą już osikowe ołówki)
w każdym razie, jakaś ulotka
z zapalczywymi i marzycielskimi hasłami
podpisana przez zapalczywego Kurzyńca –
(wzruszający wiersz o Marku Kurzyńcu, anarchiście,
napisał Jan Riesenkampf, jakby to kogoś interesowało
czasem można się dowiedzieć czegoś ciekawego z wierszy
czasem można się dowiedzieć, jak się nazywał czyjś piesek)
– na dobrą sprawę zapomniana w czeluściach torby
poddana sedymentacji, kompakcji i cementacji
wypiętrzona przez orogenezę palców celnika
urasta do rozmiarów dramatycznej góry

you walked over to Austria on a long bridge
under the watchful eyes of guards with submachine guns in watchtowers
a Czechoslovakian customs officer discovered in my mining notebook
a mine diagram among the poems which then
I regarded much more important than shafts and ramps
Czechoslovakian customs officers were obsessed
with paper, printed or handwritten
and so was this fellow
he started digging deeper and deeper, even I was surprised
with what he was bringing to the surface
life seemed indivisible to me
I carried the same bag everywhere
things fell to the bottom like diatom shells
sedimented, compacted, etc.
now his fingers lifted up all of this like some orogenesis
that is the process of mountain formation
(I should be more careful not to use too technical words
the twentieth century with its modernisms has ended
and the angry young old fans of understandability
sharpen their birch pencils)
anyway a leaflet
with hotheaded utopian slogans
signed by one hotheaded Kurzyniec—
(Jan Riesenkampf wrote a touching poem
about the anarchist Marek Kurzyniec, if anyone is interested,
sometimes we learn interesting things from poems
sometimes we learn the name of someone's puppy)
—in fact forgotten in the abyss of my bag
sedimented, compacted, cemented—
once lifted by the orogenesis of the officer's fingers

międzynarodowej antypaństwowej propagandy
celnik zaczyna latać z nią jak kot z pęcherzem
po innych celniczkach i celnikach
którzy starają się go omijać jak mogą
a jeden mówi: co chcesz?
to je z Polska, tam je to teraz normalne
była już połowa jesieni
za niecałe trzy tygodnie miała się spełnić
aliteracja: Havel na Hrad
niby nikt nie wiedział, ale wszyscy przeczuwali
w końcu po dwóch godzinach przychodzi jakiś
i mówi żebym spadał, ale to już

co dalej? pewnie pobocza autostrady
A4 do Wiednia i A2 dalej na południe
ale chodzi o to, co dalej z tą historią?
jaki jest jej morał?
jak kończy się okres ochronny
dla pokładów skały płonej?
ba, gdybym wiedział
pewnie bym i powiedział.

grew to the size of a dramatic mountain
of international anti-state propaganda
the officer started running madly with it
from one customs officer to another
they tried to ignore him
and one said, what's your problem?
this is from Polska where this is normal now
it was mid-fall
in less than three weeks the alliteration
Havel to the Hrad would become a reality
nobody knew it yet but all sensed it
finally after two hours someone came
and told me to get lost

what happened then? I think highway A4 to Vienna
and then down south on the A2
but then what happened to this story?
what's the moral
how does the closed season end
for the layers of wasted rock?
well, if I knew
I would tell you.

(MÓGŁBY BYĆ TYTUŁ: ANDRZEJ SOSNOWSKI PISZE I ZARAZ DRZE NA KAWAŁKI LIST DO JACKA PODSIADŁY)

wciąż te same tematy:
po co wstawać rano do pracy
zresztą co to za praca –
gryzienie piórka zza biurka.
zapał dzieci rozświetla życie,
a mięso i kości ciągną do dołu.
wierszami bez rymu jak pies po kąpieli
pryskam wokoło. wiersze bez rymu,
życie bez planu, kropki bez i.
trudność dla drukarzy, kłopot dla księżniczek
z urzędu, zły przykład dla dzieci.
nie w nogę, nie w nogę i niezrozumiale.
choć sam krzywy, cały jestem po stronie
prostych ludzi. i boli mnie, gdy nie rozumieją.
chciałbym więc zawiadomić: dziś w nocy śniłem,
że podłoga w urzędzie pocztowym zmieniła się w lód.
w godzinach zamknięcia jeździła po niej
rolwaga. specjalna maszyna do rolwagowania,
chciałem powiedzieć równania. jak na taflach
hokejowych. nie znam się na tym,
ale zapamiętałem słowo z dzieciństwa.
dziś w nocy moje łącze do internetu
było nieczynne. biblioteka zamknięta,

(A POSSIBLE TITLE: ANDRZEJ SOSNOWSKI WRITES A LETTER TO JACEK PODSIADŁO AND IMMEDIATELY TEARS IT UP)

always the same subject—
why get up for work in the morning
besides, is it really work?
dutiful doodling in a cubicle.
children's enthusiasm brightens your life,
while flesh and bones drag you down.
I sprinkle rhymeless poems around
like a wet dog. rhyme-less poems,
plan-less life, sentence-less periods.
a problem for printers, a pain for office
princesses, a bad example for children.
out of step, out of step and difficult.
even if I am refined I am on the side
of simple people. it pains me when they don't
understand. so I'd like to make it known—I had a dream
last night about a post office floor turning to ice.
a zamboni ran over it during closing
hours. a special zamboning machine
that is, resurfacing. like in ice hockey
rinks. I'm not an expert in this
but I remember that word from my childhood.
last night I lost my internet connection.
the library was closed for the holidays.

bo idą święta. w pokoju ze słownikami spało dziecko.
nie chcę nikogo wysyłać do biblioteki.
piszę to, co pamiętam. i zaraz się z tego tłumaczę.
ale tylko dziś w nocy. petenci ślizgali się i obijali o bandy,
srogie księżniczki z okienek gwizdkami odmierzały
tercje. uwolnienie? gdzie jest uwolnienie?
wciąż te same tematy:
trzeba będzie wstać rano do pracy.

a baby was sleeping in the room with the dictionaries.
I don't mean to send people to the library.
I write what I remember. I will explain myself
but only tonight. the customers were slipping and slamming
against the boards, the stern princesses behind the counter
called the periods. breakaway? what breakaway?
always the same subject—
having to get up for work in the morning.

1999

rok dwutysięczny zero-zero, koniec imprezy, czas się skończył
a my się bawmy, jakby był dziewięćdziesiąty dziewiąty

dziś jest tak, jakby każdy dzień już był
i każdy zdarzał się pierwszy raz
patrzenie w słońce raz otwartymi, raz zamkniętymi oczami
delta małych żyłek pod pomarańczowymi skórkami
powiek, to znów taniec kształtów i uczuć
przed otwartymi oczami
w kącie podwórka, tam, gdzie unosi się kurz.
co mogłem zgubić, kiedy wciąż mam zegarek, portfel i poczucie tożsamości?
słuchanie kasety znalezionej w piwnicy
i dziwienie się, że przeboje, przy których cię całowałem, brzmią tak wiekowo?
i dziwienie się, że przeboje, o których zapomniałem,
przeszywają mnie jak prąd?

stara taśma zacina się, wciąga ją w mechanizm
nowy dzień odcina się, rozwija się bez granic
nowy dzień zaczyna się, pełen niespodzianek
stara taśma kończy się, kończy się nagranie.

1999

two thousand zero zero party over, oops out of time
so tonight I'm gonna party like it's nineteen ninety-nine
                                                    Prince

today it is as if every day had already happened
and was happening for the first time.
looking into the sun now with open eyes, then closed,
the delta of small veins under the orange peel
of eyelids, then the dance of shapes and feelings
before the open eyes
in the corner of the backyard where dust rises.
what could I have lost
if I still have my watch, wallet and sense of identity?
listening to a cassette found in the basement
surprised that hits to which I once kissed you sound so ancient?
surprised that hits I forgot
now run through me like electricity?

the old tape jams in the machine
the new day breaks off and rolls in
the new day starts full of surprise
the old tape ends without reprise.

TRZESZCZĄ DRUTY TRZESZCZĄ

trzeszczy zimowe powietrze
pod linią wysokiego napięcia
koleiny z Bolechowic do Brzezia
zawiane gipsowym śniegiem
„na tej górce była już Rosja"
pamięć dłuższa niż państwa
powłóczę nogami w śniegu
przedzieram się przez kordon
za pamięć twoją i moją

zawiązać kordonek do wyszywania
na bramie labiryntu
rozrzucić okruchy chleba
wrócić w twoje ramiona
gawrony Brzezia i Zabierzowa
rozprawią się z chlebem chwacko
wrócić po swoich śladach
których połowę zawiało
pod trzeszczącym powietrzem
pod górkę twojej piersi
z nogami w gipsie pamięci
tyle, ile zostało

CRICKLING AND CRACKLING WIRES

winter air crackles
under the hi-voltage line
the ruts from Bolechowice to Brzezie
are plastered with snow.
"Russia began at that hill"
memory is longer than countries
I drag my legs through the snow
breaking through the cordon
for your and my memory

to tie a crochet cord
to the labyrinth's gate
to toss bread crumbs
and return to your arms
the rooks of Brzezie and Zabierzów
will quickly take care of the bread
retracing my steps
already half-covered with snow
under the crackling air
up the hill of your breasts
with my legs in the plaster of memory—
whatever remains of it

102 UWAGI O DWÓCH MIASTACH

Atthinam nagaram katam mamsalohitalepanam
*yattha jara ca maccu ca mano makkho ca ohito**

miasto z krwi i kości, z mięsa i ścięgien
przemieszcza się w mieście z kamienia
to bardzo wielkim, to bardzo znowu małym

— tak wielkim, kiedy trzeba zdążyć w nagłej sprawie
przez tę rozpiętość, z Kurdwanowa na Widok,
z Borku na Stoki, od wyciągniętej

dłoni do dłoni. wszystkie mosty zakorkowane.
wesoły głos w radiu: zakorkowane na całej długości,
tak jest, do samego cmentarza;

— tak małym, kiedy kolejny dzień mija na dreptaniu,
na dumaniu, na bruku, na osi Grodzka–Floriańska
świat na zewnątrz Plant się nie liczy

atomy na zewnątrz tej krwi się nie liczą
te wewnątrz się jeszcze liczą – i nie mogą doliczyć
trzeba im pilnie dorzucić sprytnych małych molekuł

ale o to już zadba Diler. ten punkt
(w rozszczepieniu między św. Florianem,
mrużącym oczy z wysoka – i Hamburgerem, z niska)

102 NOTES ON TWO CITIES

Atthinam nagaram katam mamsalohitalepanam
yattha jara ca maccu ca mano makkho ca ohito*
                                        Dhammapada

a city of flesh and blood, bones and sinew
moves within the city of stone
now very big now very small

—enormous when on urgent business you need to rush
across the vast expanse from Kurdwanów to Widok
or from Borek to Stogi, from one outstretched

hand to another. all the bridges are jammed.
says a cheerful voice on the radio, completely jammed,
yep, all the way to the cemetery.

—tiny when passing another day pondering, pacing
the pavement on the Grodzka–Floriańska axis
the world outside the Ring doesn't count

the atoms outside this blood don't count,
the ones inside still count—and won't add up
you have to throw them some clever little molecules

but the Dealer will take care of this. the point
(in the split between St. Florian
squinting from above, and the Hamburgers below)

kiedy rezygnuje się nawet z dreptania:
tu miasto jest najmniejsze. ściąga się do punktu.
największe jest. krew rozpierzcha się gdzieś po galaktykach

to miasto jest bardzo małe. tych kilka willi
z których wyraźnie widać: nawet sąsiedzi (też
Salwator, tyle, że koło pętli) to *ci z dołu*

o reszcie już nie mówiąc. bardzo jest wielkie:
do oświetlonego przystanku jeszcze z siedem
pasm górskich i siedem wąwozów między blokami

na szczęście dzieci Kazimierzowskiego z pałami,
Złotego Wieku z gwoździami, Oświecenia z kosami,
Piastów z baterflajami, dzieci Bohaterów Września

na sportowo, z nagimi tylko glanami – nie dojrzały
cię jeszcze. możesz sobie pogratulować
i zanucić w duchu. bo to miasto jest bardzo muzyczne

*　*　*

kiedy smyczki rzewnieją w pianissimo
przez stiuki naraz przedziera się zgrzyt tak straszliwy
jakby jakiegoś mechanicznego Marsjasza

obdzierali z żelaznej skóry. tylko ci nowi
i niezbyt jeszcze kulturalni zrywają się – dalej rozglądać się,
kombinować. bywalcy z wyrozumiałym uśmiechem:

when you give up even trotting around.
this is where the city is smallest. it shrinks to a point.
and the largest. blood scatters over the galaxies

this city is very small. just a few villas
with a good view—even the neighbors (also
Salwator, but nearer the end of the line) are *below*

to say nothing of the rest. it is very large.
from the well-lit tram stop some seven
mountain ranges and seven canyons between blocks

luckily the Kazimierzowskis with bats, the Golden Agers
with knuckles, the Enlightenmenters with blades,
the Piasts with butterfly knives and the Heroes of September

using nothing but boots like true sportsmen—haven't
yet spotted you. you can count yourself lucky
and sing heaven's praises. because the city is very musical.

*   *   *

as the strings go plaintively pianissimo
suddenly a terrible screech pierces the stucco
as if some mechanical Marsyas

was stripped of his iron skin. only those new and not yet
educated jump in their seats—start looking around
to figure out. those familiar put on forgiving smiles—

to tylko dwudziestka jedynka skręca w Zwierzyniecką. obyczaj tak stary,
jak srebrny kurek (marszałek Foch wyrywał go przerażonemu
królowi w kontuszu, prywatnie mistrzowi cukierniczemu,

myślał, że kolejny prezent dla niego – wiadomo,
widać, że nie z Krakowa, nawet nie z Huty); jak ziejący
propanem-butanem Smok i puszczanie wianków

w ulewie światła i muzyki z sześciu scen naraz.
tymczasem w piwnicach trwa pyszna zabawa: ta noc
do innych niepodobna (to nic, że podobna) przy nieśmiertelnym

kontuarze. jest głośno, muzycznie, wentylacja
nie działa, ale kto by myślał o tym. kiedy rodzi się
nowy projekt, nowa grupa, nowa sztuka i tak! nowe pieniądze

a jeszcze ustawiają te halogeny, blindy, kamery
wyprostować się, wyglądać godnie, mówić ze swadą,
nawet jeśli nie do rymu. może zauważą, rozpoznają,

dzisiaj ćma barowa, jutro prezenterka, takie cuda
przecież się zdarzają. Krzemionki – Łęg – Rybitwy,
złoty trójkąt czeka, złote światło i telewizyjny wdzięk

Rybitwy – Krzemionki – Łęg . . .
miasto z mięsa, ze ścięgien i kości
mruży oczy i zdziwione wynurza się w świt.

niemi ludzie szurają podeszwami w stronę pierwszej zmiany
w szarym chłodzie ruszają z odrętwienia tramwaje
miasto z kamienia tuli do bruku dzieci nieudane

it's just the 21 turning into Zwierzyniecka Street. this tradition
is as old as the silver cock (Marshal Foch grabbed it
from the stunned robed king, by profession a confectioner—

thinking the bird was another gift, clearly
Foch wasn't from Kraków or even Huta)—or
the propane-butane-spitting dragon, or garlands floating

on the Vistula showered in light and music from six stages at once.
in the meantime fabulous partying goes on in the basement: this night
is like none other (in fact it's just like all the others) at the

never-closing bar. it is loud, full of music, the air conditioning
is down but who cares. when a new idea,
new group, new art and yes! new money are born.

and they set up all these projectors, screens and cameras.
you need to straighten up, look dignified, speak intelligently
even if out of rhyme. maybe they notice, recognize,

tonight a bar hopper, tomorrow an anchor, such miracles
do happen. Krzemionki—Łęg—Rybitwy,
the golden triangle awaits, golden lights and a tv personality

Rybitwy—Krzemionki—Łęg . . .
this city of flesh, bones and sinew
squints its eyes and emerges surprised into dawn.

silent people shuffle towards the first shift
in the grey chill trams wake from their stupor
the city of stone hugs its failed children on the pavement.

105

*   *   *

tymczasem na piętrze trwa stonowana, niemniej
pyszna zabawa: gorsy, żorżety, fraki,
rozmowy państwowej wagi. żarty żartami

ale mówię wam, że tym razem w końcu wygramy
musimy wygrać. to przecież niemożliwe
żeby ten absurd, przypadek, artefakt powtórzył się

raz jeszcze. przecież etyka, przecież estetyka,
ekonomia, klasa i poetyka. przy nas, przy nas, moi mili.
miasto z kamienia słucha i stoi. a gdyby mogło

tarzałoby się ze śmiechu po swych własnych brukach.
ci z piwnicy i ci z piętra ze sobą nie rozmawiają
(chociaż nie jest tak, że się nie znają

w tak małym miasteczku – od dłoni do dłoni,
od Bagateli do Poczty – wszyscy się znają
i wspólnych krewnych mają)

a są jak bracia i siostry. jak jednojajowe bliźnięta
z roziskrzonymi od – teraz się uda! – planów oczami
gdy jeszcze jedna noc osuwa się w świt – gadają, gadają, gadają

szlag! lud znów wybrał nie tak. shit! znów nie wyszło
tak cool i tak lajtowo jak się umawialiśmy
z Zuzą, Piotrem i Olą. z sojusznikami w Radzie.

*   *   *

in the meantime on the second floor the splendid yet
subdued party continues: ascots, tulle, tailcoats,
small talk of the utmost importance. I'm not kidding

I'm telling you this time we're going to win
we must win, the same nonsense, mishap,
can't happen again. remember

we have ethics, aesthetics, economy, class
and poetics. on our side, with us, my dear.
the city of stone listens and stands still but if it could

it would roll with laughter on its cobblestones.
those from the basement and those from the second floor
don't talk to each other (although it's not that they don't

know each other. in such a small town—from hand to hand,
from Bagatela to the main post office—everybody knows
everybody and has relatives in common)

and they are like brother and sister. like identical twins,
eyes gleaming with ideas—now it will work!
as another night slides into dawn—they talk and talk and talk

dammit! again the people voted the wrong way! shit! again
it didn't work out as smooth and cool as we planned with
Zuza, Piotr and Ola. with our friends on the Council.

ze ścięgnami, kośćmi i z mięsem. z kamieniem i brukami.
czy to ołów z rur wydechowych sprawia, że jesteśmy
jak obywatele późnego, bardzo późnego Rzymu?

czy to jurajski ząb smoczy w zębodole
Wawelu – Skałki – Zakrzówka – Krzemionek – Płaszowa
zahacza o język, szarpie tkankę, sprawia

że przytupujemy w krakowiaku bez końca, bez końca
zapinacz hakowy z referentem, sklepowa z radczynią
a wszyscy artyści, wszyscy myśliciele?

* * *

miasto z kości i krwi przewraca się w niespokojnym śnie
miasto z kamienia, małe jak jajko, spoczywa w listowiu
(jak chce poeta z Litwy, pardon, z Bogusławskiego)

pod wyższą wieżą, brata zawistnego – i pod, zabitego, niższą
zamiast fiakrów stoi zakrzepłe dudnienie z Jaszczurów
spóźniona polewaczka brnie przez wielką taflę rtęci: Rynek,

Szeroką, Rynek Dębnicki, Rynek Podgórski, Plac Centralny
przez osiedlowe placyki z nasturcjami i marchwią
przez aleje klatki piersiowej, zaułki palców, bruk tego wiersza –

----

*miasto z kości obudowanych mięsem i krwią, zamieszkane przez pogardę i dumę,
starość i śmierć (Dhammapada) – czy coś takiego, równie mało budującego.

with sinew, bone and flesh, with stones and cobblestones.
is it because of the lead from the exhaust
that we are like the citizens of the late, very late Rome?

is it that the Jurassic dragon's tooth in its socket
of Wawel—Skałka—Zakrzówek—Krzemionki—Płaszów
bites the tongue, tears the flesh, makes us

dance an endless krakowiak, a crane operator
with an office clerk, a saleswoman with a councilwoman—
all of them artists, all of them thinkers?

* * *

the city of bones and blood tosses and turns in an anxious dream
the city of stone, small as an egg, lies in the foliage
(as the poet from Lithuania put it—actually he lived on Bogusławskiego Street)

under the envious brother's taller tower—and under the shorter, that of the
                                                                murdered one,
instead of cabbies, the frozen booming of the Jaszczury club,
the late street cleaning truck wades through the huge quicksand mirror, the
                                                                Marketplace

through Szeroka, Rynek Dębnicki, Rynek Podgórski, Plac Centralny,
through neighborhood squares with nasturtiums and carrots
through the alleys of the torso, lanes of fingers, the pavement of this poem—

---

*This city is built up of bones, plastered with flesh and blood; within it are decay
  and death, pride and jealousy. Or something in this vein, equally unconstructive.

W ODCINKACH

słońce przesącza się przez gałęzie
rzuca okrągłe plamy światła na spocony asfalt
opuncja i rododendron wielki jak dąb
przypominają, jak daleko od domu
się zapędziłem. muezzini przez tysiącwatowe głośniki
zaraz zwołają wiernych. w sklepiku na rogu
Pepsi, Gillette i Colgate znieruchomiałe na stojakach
jak błyszczące bożki globalnej wiary
wiatr, przejrzała śliwka słońca wpada pod horyzont
po dniu przygniecionym upałem
wraca życie

*

trójkolorowy kot czatuje i
cały jest wyczekiwaniem i napiętymi mięśniami
raptem odwraca się, ziewa
i odchodzi zamiatając ogonem.
koniec zainteresowania.
chciałbym tak umieć, w jednej chwili
odpuścić i odejść i pozwolić odejść
póki co zamierzam jednak dalej
napinać postronki nerwów i walić głową w nagrzaną ścianę.

*

masa piasku spotyka masę wody
i nic z tego nie wynika.
żółta i beżowa pustynia

SERIALIZED

the sun, filtered through the branches,
casts round spots of light on the sweating pavement
the cactus pear and rhododendron big as an oak
remind me how far from home I've ended up.
soon muezzins will summon the faithful
through thousand-watt amplifiers. in the corner store
Pepsi, Gillette and Colgate stand frozen on display
like the shining idols of global religion
the wind, the sun's overripe plum drops below the horizon
after a day pressed down by the heat
life returns

*

a calico cat lies in wait
all waiting and tense muscles
suddenly turns, yawns
and leaves waving his tail.
the end of interest.
I wish I could do this, all at once
give up, leave and let go
yet for now I plan to go on
with this game, beating my head against the hot wall.

*

the mass of sand meets the mass of water
and nothing happens
the yellow and beige desert

podchodzi pod same białe grzywy fal.
nic tu nie wyrośnie, gorycz morskiej soli w wodzie
rozprawia się z życiem równie sprawnie
jak gorycz w ludzkich sercach,
naszych

*

miasto, choć cudze, mówi do mnie
ludzkie rzeki w wąskich uliczkach
wciągają ciało w swoje wiry
i rozhuśtują tratwę wyobraźni.
na pustyni skorpion, ślimak i mała antylopa
snują bezgłośnie swoje historie
z których nie pojmuję nic. wiatr woła:
„wynosiłeś się ponad podobnych do siebie
aż w końcu wyniosłeś się tutaj
i co, zadowolony?", wyje szyderczo
drobiny piasku polerują miskę twarzy.

*

tęskniłem za tobą tak,
że jabłko serca chciało wyskoczyć spomiędzy żeber
i potoczyć się po ulicy, w twoją stronę
szedłbym za nim, uważając, żeby nie nadepnąć
i w końcu zaprowadziłoby mnie do ciebie
chyba, żeby po drodze schrupał je osioł
pychy, głupoty i niecierpliwości
zaryczał wesoło, podniósł ogon i pognał
wzbijając kopytami tuman ulicznego kurzu

climbs up the white crests of waves
nothing will ever grow here, the bitterness
of sea salt kills life as efficiently
as the bitterness in human hearts,
our hearts

*

even if not mine this city talks to me
in the narrow streets human rivers
suck my body into their maelstrom
and toss the raft of imagination.
in the desert a scorpion, a snail and a small antelope
silently tell their stories
of which I understand nothing. the wind screams—
"you set yourself apart from everybody
and now you're away from everybody
are you pleased now?" it howls scornfully
grains of sand polish my face.

*

I missed you so much
the apple of my heart wanted to jump out of my chest
and roll down the street towards you
I would follow, careful not to squash it
eventually it would lead me to you
unless on the way
the donkey of hubris, stupidity and impatience ate it up
and ran away braying merrily, tail up
kicking up a cloud of dust

*

chcę się otworzyć i chcę się dać zranić
kolce światła wpadają, niesione strumieniem burzowej wody
zaczepiają się na rzadkim sicie żeber
kiedy otwieramy serca możemy poczuć przez chwilę
wiatr wiejący tuż nad naszymi głowami
który łączy wszystkich, choć do nikogo nie należy
który wieje zawsze, nawet gdy nikt nie zwraca uwagi
nawet w najbardziej zapieczone noce.

*

nie wiem, czy będzie mi kiedyś dane
poszerzyć granicę kuli światła
otaczającego nas i nasze sprawy
czy choćby przyłożyć to tego rękę
tak, jak zręczna krawcowa potrafi poszerzyć sukienkę
wiem tylko, że mamy szukać porozumienia
słowa, doświadczenia, słowa dla doświadczenia
kiedy powstajemy z kolejnego runięcia
po każdym „padnij" rozlega się „powstań"
nawet, gdy wydaje się nam, że musztruje nas
wielki, niewidzialny kapral
na placu pełnym gorącego piachu
do samej nocy

*

bądź moja, z rozmachem, z zapamiętaniem
rzućmy się razem na fale zdarzeń
bijące o wysoki brzeg

*

I want to open up and be hurt
thorns of light enter me in the stream of rain water
they stop on my ribs' coarse sieve
we open our hearts for a moment and feel
the wind blowing above our heads
bringing people together even if it belongs to no one
blowing all the time even if no one pays attention
even in the most dead heat of nights.

*

I don't know if I will ever be able
to expand the boundaries of the light ball
encompassing us and our daily labor
or even lend it a hand
like a skilled seamstress lets out a dress
all I know is we must seek understanding
words, experience, words for experience
when we pick ourselves up from another fall
after every "down," an "up" sounds
even if we think we are being drilled
by a big invisible sergeant
on a square full of hot sand
long into the night

*

be mine, totally, with abandon
let's jump together into the waves of events
beating against the cliff

cóż mogę powiedzieć, cóż mogę powiedzieć
mięsiste przegrody
dzielą nasze serca na kawałki
i dlatego wyobrażamy sobie, że to ciężka praca
być całym i szczęśliwym człowiekiem?
dziś w nocy przywidziało mi się
że strach i cwaniactwo okładają się po głupich ryjach
aż w końcu jeden z drugim miękną, tracą kontury, zapadają się
jak bąble na powierzchni wrzącego budyniu
a my dwoje suniemy w błękitnym powietrzu
w strumieniach, strumieniach perlistego śmiechu –

what can I say, what can I say
fleshy membranes
divide our hearts into fragments
is that why we think it is hard work
to be a whole and happy person?
last night I imagined
fear and cunning were beating each other silly
until they went limp, lost their outlines, collapsed
like bubbles on the surface of boiling custard
while we two were gliding in the light blue air
in a stream, a stream of pearly laughter—

ROMEK PAZUR (BEZ WYSIŁKU)

przysypiam w busie z Łapczycy do Gdowa
i z Gdowa do Krakowa
światła i rumor Wielickiej podrywają mnie
turkot Mostu Dębnickiego pod kołami
podnosi włosy na moim karku
tyle razy zaczepiałem te dziewczyny na środku Szewskiej
i pytałem, czy można zaprosić cię na piwo,
że zaczęło mi to przychodzić . . . bez wysiłku
kiedy spotykałem się z Sylwią, Dziewczyną Października
dopóki nie utyła i mogła już tylko
reklamować wagony restauracyjne
albo z Patrycją, kiedy powiedziała mi
że gra w siatkę w lidze okręgowej
i że leczyła się na nerwicę w klinice przy Skarbowej
ja jej, że interesuję się piłką nożną
i że też mam historię psychiatryczną
to już dwa wspólne tematy
najwięcej ich poderwałem w czerwcu
kiedy długo w wieczór cienie
pokładają się po chodnikach
Zuzkę, która ma siedemnaście lat
ale jest dość rozwinięta, wiesz o co chodzi
mówiła mi, że koleguje się
z chłopakami z mafii krakowskiej
i o takich ekscesach seksualnych i innych
że nie wiedziałem, czy zmyśla, czy mam się wystraszyć

ROMEK PAZUR (EFFORTLESS)

I nap on the bus from Łapczyca to Gdów
and then on from Gdów to Kraków
the lights and noise from Wielicka street make me jump
the rattle of Dębnicki Bridge under the wheels
raises the hair on my head
I picked up girls on Szewska Street
asking if they wanted to go for beer
so many times it became—effortless
when I dated Sylwia, the October Girl
before she got fat and could only
work in local cable ads
or Patrycja who told me
she played volleyball in the regionals
and was treated for her nerves at Skarbowa St.
and I told her I was a soccer fan
who also had a psychiatric history
already two things in common
I picked up the most in June
when shadows lay on the sidewalks
long into the evening
Zuzka was seventeen
but quite developed, if you know what I mean
she told me she was friends
with some Kraków mafia guys
and about some pretty wild stuff, sexual and other
I didn't know if she was making it up or if I should be scared

nie chcę z nią wchodzić w bliższą zażyłość
w Klubie Kulturalnym dziewczyny z aspiracjami
w powyciąganych swetrach przy barze
nawet pasuje mi ten spokojny styl
nie mam kasy na naprawdę laski z klasą
dawniej bawiłem się w Pasji albo w Equinoksie
raz o mało nie pobili mnie bramkarze
innym razem naprawdę pobili mnie inni goście
poszło o marki adidasów
dlatego wolę spokojny styl, rozmowy o sztuce
jedno piwo wystarcza na bardzo długo
życie przesypuje się
jak cukrowy groszek słony od potu
wtulam głowę w załom
pomiędzy pionowym słupem i poziomym okapem
nie da się już wejść nigdzie wyżej
stąd można tylko śmignąć w dół
jak będę gotowy, powiem.

I didn't want to get too close to her
girls in baggy sweaters at the bar at lotus club
have aspirations
I prefer this quiet style
I don't have enough cash for really classy chicks
I used to party in Pasja or Equinoks
once the bouncers almost knocked me down
another time some guys beat me up
over sneaker brands
that's why I prefer a quiet style, conversation about art
one beer lasts a long time
life drips on
like jelly beans salty with sweat
I prop my head in the corner
between the vertical beam and the horizontal eaves
from here you can't go up
all you can do is slide down
when I'm ready I'll tell you.

TYGRYS! TYGRYS!

wstaję rano
ze słowem pod klapami uszu:
konioktóralizm
konia którego kradzizm
wstaję rano, jestem starszy
ale czy muszę być bardziej namolny?
„cwana gapa z kolegi, cwana gapa"
mówi Baran do Bodka
dopiero się poznali, Bodek
przeczytał swoje wiersze z estrady
podziwiam szybkie przeskoki iskier
umysłowych u mojej córki,
u brata Andy – Tygrysa,
u innych młodych ludzi, których znam
osiadam w cwanej gapie swojej
jak piasek osypujący się ze skarpy
starając się ominąć cwaniaka swojego
nie powiedzieć mu dzień dobry
na dobranoc

TYGER! TYGER!

I get up in the morning
with the word in my drooping ears
chameleonism
camel-lionism.
I get up in the morning, older
but do I have to be so ingratiating?
"you're quite a smartass"
says Baran to Bodek,
they just met, Bodek
read his poems from the stage
I admire the rapid mental sparks
crackling in my daughter,
in Anda's brother Tyger,
in other young people I know
I settle inside my own smartass
like sand spilling over a cliff
trying to avoid this clever fool
in me and not tell him good morning
for good night

rok zawinął ogonem i macha teraz krótkim
jednocyfrowe dni, jednocyfrowe miesiące
i słońce na krótko tutaj zagląda
wilgoć i zapach tężeją w powietrzu
od łąk nad Rudawą sypie drobnym śniegiem
popychasz mnie lekko, lekko
jak szufladkę kompaktu
stawiam opór lekki, lekki
ale zawsze ulegam
księżyc zaszedł, znów jest tuż przed świtem
pierwsi ciecie szurając nogami
wychodzą posypać chodniki szorstkim piaskiem
podczas gdy my wychodzimy z siebie
w gorące, słodkie wnętrze pomarańczy
albo stajemy, zupełnie bezbronni
na rozległym, mroźnym polu
licząc na to, że jeszcze raz się uda
że odnajdziemy się dotykiem
zawirujemy w tańcu
lekko, lekko
drobne muśnięcia znaczą wiele
drobne muśnięcia znaczą szlak na ciele

the year caught its tail and now wags a little one
single-digit days, single-digit months
and the sun pays only short visits
the smell of dampness hangs in the air
flurries of snow blow from the Rudawa River meadows
 you push me lightly, lightly
like a CD drawer
I resist lightly, lightly
but always give in
the moon is gone, it's nearly dawn again
first janitors
shuffle out to sprinkle coarse sand on the sidewalks
while we go out of ourselves
into a hot and sweet orange
or stop, completely defenseless,
on a vast frozen field
hoping things will work out once more
we'll find each other by touch
and start dancing
lightly, lightly
a little touch means so much
a little touch marks a path

NIE WIEM O CO CHODZI

nie wiem o co chodzi, ale może się dowiem
twoje ciało pachnie wilgocią i dymem
kiedy zmieniasz się jak księżyc
i przyciągasz mnie, jak księżyc przyciąga morze
aż wzbieram i uderzam falami o brzeg
przestrzeń jest pełna drobnych podpowiedzi
ścięgna rzeczywistości pulsują i drgają
w sufit i ściany walą miotłami
sąsiedzi

NOT SURE WHAT THIS IS ABOUT

not sure what this is about but maybe I'll learn
your body smells of moisture and smoke
when you change like the moon
and pull me as the moon pulls the sea
until I swell and beat my waves against the shore
the space is full of little hints
the sinews of reality throb and pulsate
our neighbors bang the walls and ceilings
with broomsticks

PROSTA HISTORIA

a szalunki z szaleństw? szalowe wyprawy do narciarskiego?
komitet małych ludzików w głowie trzyma na plecach bez snu.

słońce było małe, bo wpadło przez szybkę
obraca się na pięcie i chce wychodzić.
proszę zaczekać, mówię, jeszcze mam księżyc w torbie,
strokowany. energia pływów buzuje w Bretanii
wciąż brakuje bilonu z babilonu.
otwiera Vivę i czyta: "żona męrza stanu"
idzie do kuchni, patrzy: mąrz stanu niedogotowany
palnik pod nim zalany jakimś płynem.
żeby było prosto, nie prostacko, prosi Albert
prosto, prosto, ukochana Milevo

i bach! w sam środek stałą kosmologiczną. energia pływów.
a zlizałbym ci maliny z ud, w środku tygodnia?

A SIMPLE STORY

would fireworks of frenzy help? or frequent skiing trips?
the committee of little people in my head holds me sleepless on my back.

the sun was small because it fell through the glass
it's turning on its heel and wants to leave.
can you wait, I say, the moon is still tied up
in my bag. tidal energy bursts in Brittany.
Babylonian bills are always in short supply.
she opens Cosmo and reads "the congresswoman's man,"
goes to the kitchen, looks—the man's only half-done,
the burner is flooded with some liquid. Albert implores,
make everything as simple as possible, but not simpler,
keep it simple, Mileva dear, and boom! the cosmological constant

hits the dead center. tidal energy. would I lick
raspberries straight from your thighs, midweek?

WIERSZ DLA ANN FRENKEL

Tak, grałam w zespole, póki nasz bandeonista
nie dostał przerostu kciuka. Za dużo ćwiczył.
Ciężko myślom dać pstryczka z powrotem
z krainy lśnienia bez zarysowań. Moje imiona
rozbiegły się na wszystkie strony
w skocznym *anagrammento*.

Jeszcze podchodzę
do fortepianu jak do wytartego zwierza,
w drzemce. Zaświerzbią mnie palce,
niedotkliwie, na piórku do kurzu. Gdzie wiatr
co spadochroniki szare dmuchawców splecie
z powrotem w żółte kosmyki, w błysku –

A POEM FOR ANN FRENKEL

Yes, I played in a band, until the bandeonist's
thumb got overdeveloped. He practiced too much.
It's hard to flick thoughts from the world of sparkle
without scratches. My names
have scattered in all directions
in a lively *anagrammento.*

Now I approach the piano
like a dusty slumbering animal. My fingers itch
sometimes, just a bit, when I touch
a feather duster. Where is the wind
that would spin gray dandelion clocks back
into golden locks, in a blink—

ŻYWI

mój tata podbił oko Romanowi Śliwonikowi
Roman Śliwonik usiadł i napisał wiersz „jakiś chmyz podbił mi oko"
byli wtedy bardzo młodzi
przedtem ani potem się nie znali
wujek Marian musiał tacie naświetlić szczegóły
i pokazać wiersz „jakiś chmyz podbija mi oko" w czasopiśmie kulturalnym
wujek Marian który nie był wtedy wdowcem
robił kolaże-montaże postaci swojej i cioci Joli
za kierownicami wielkich kadilaków
i wyglądali oboje jak żywi
zapatrzeni w siebie nawzajem
zatopieni w srebrowej emulsji odbitek
jak w czarno-białym bursztynie
byli wtedy bardzo młodzi
mogli być do wyboru kolażami w kadilakach
albo kolarzami na półkolarzówkach ze zjednoczenia zakładów rowerowych
z porządnej czołgowej stali
chodzili, siadali, rozbierali się i ubierali
zupełnie jak ludzie co żyją dzisiaj, dziwi się moja córka
zupełnie jak żywi

THE LIVING

my dad gave Roman Śliwonik a black eye
and Roman Śliwonik wrote in a poem "some jerk gave me a black eye"
they were very young
they didn't know each other before or after
uncle Marian had to put this in perspective for my dad
and show him the poem "some jerk gives me a black eye" in a literary magazine
uncle Marian who wasn't yet a widower
created collages of himself and aunt Jola
behind wheels of enormous Cadillacs
they both looked like they were alive
gazing at each other
cast in the silver emulsion prints
like inside black and white amber
they were very young
they could chose either to be a cycle of collages in Cadillacs
or cyclists on bicycles made from armor steel in a state factory
they walked, sat, got dressed and undressed,
my daughter puzzles, just like people today
just like the living

TWO STEP

dokąd można się błąkać po tym białym polu
z własnymi minizaspami za skarpetą, aż parzy
przywiązuję konia do jakiegoś szpicyka
co ledwo wystaje nad śnieg – i budzę się w Indiach!?
nagle skwar, stulecia już minęły cywilizacji,
kozy wyżarły całą zieleń. przebiera bezradnie nogami
koń uwiązany do szczytu dzwonnicy
hej tam na bandżi! woła śpiewaczka, co też lata
świetności ma już za sobą. i krótki wzrok,
myśli, że koń chce oddać skok bandżi ze szczytu
jak z dźwigu albo z diabelskiego mostu nad zielonym parowem
a na nią nie patrzy nikt, bo wszyscy wyczekują skoku
bandżi konia. *hej tam!*, woła, ale dykcję ma taką
jakby wołała *na bandzie*, i nie wiadomo:
czy to tytuł następnej piosenki, czy raczej coś będzie
z dziką bandą kowbojów, na potwornym kacu
przypasujących sfatygowane kolty, bez cienia nadziei
wlokących się odbijać kolegę z zasadzki
non sequitur i retorsio argumenti. czy może *hej tam
na bandzie*, pieśń kibiców hokeja na lodzie, pył lodowy
sypie się za kołnierze i (znów!) za skarpetki
bez bez zwłoki zwłoki kiści liści ziści w grona łez
lodowych, myślałbyś, że z powrotem zaczynasz od początku
ze zwałami śniegu parzącymi za skarpetą
z bezkresem jakiejś Polski Rosji pod sklepieniem czaszki
a tu sandały zmierzchu szurające, w pyle –

134

TWO STEP

how long can you wander on this white field
with miniature snowbanks in your socks, so cold
it burns. I tie my horse to a spike that barely sticks up
above the snow—and wake up in India . . .
suddenly swelteringly hot, centuries of civilization
have passed and goats have eaten all the green. the horse
tied to the tip of the belltower flails helplessly in the air
hey there with the bungee! yells a singer who's also past
her prime. she's shortsighted too.
she thinks the horse wants to bungee jump from the top
like from a crane or devil's bridge over some green ravine,
and nobody watches her because they're waiting for the horse's
bungee jump. *hey you!* she yells but her pronunciation sounds
like she yelled *with the band*, and you don't know
if this is the title of her next song or rather something
that would happen to a wild bunch of cowboys with hangovers
strapping on their worn-out colts and dragging themselves
without a shred of hope to rescue a buddy from an ambush
of *non sequitur* and *retorsio argumenti.* or maybe *hey you*
on the boards, the anthem of ice-hockey fans, ice dust
pours inside collars and (again) socks,
it sucks, you two too try to tear through
ice tears, you'd think you'll start all over again
with snowbanks burning in your socks and the expanse
of some Poland-Russia under the dome of your skull
but the sandals of dusk keep shuffling the dust—

ZAWSZE FRAGMENT. TELEFONING

chcąc się dodzwonić do Polski, dzwoń najpierw
na zegarynkę w swoim mieście, żeby „przepchały się druty"
nauczał Przylepa, sam technik-telefonik póki lata temu
nie obraliśmy obiecującej kariery cioraczy truskaw

albo plukkerów jurdberów w Lierbyen.
w nie tym Lierbyen, w nie tej Polsce, w nie tej fazie
rozwoju telefonii. wykręcam numer, same mi palce
zjeżdżają w stronę czegoś prostszego, która godzina,

albo nic nie mówić, słuchać niewidzialnej nieznajomej
żeby po chwili chwytaki i wybieraki wskoczyły
w te miejsca, co trzeba
jak trzeba

ALWAYS A FRAGMENT. TELEPHONY

if you want to call Poland, first call
the time lady in your area to "clear the wires,"
Przylepa taught me this, himself a phone technician
until a few years earlier when we embarked on our budding

careers as berry pickers a.k.a. jordbaer plukkers in Lierbyen.
not that Lierbyen, not that Poland, not that stage
of telephony development. I dial the number, my fingers
slipping towards something simpler, what time is it,

or saying nothing, just listening to the invisible stranger
so that the switches and hooks click
where needed
as needed

KROPELKA

co robi tata? rozgrzewa drut i zatapia końcówki,
sztukuje części, których nie dało się skleić

więc prawie wszystkie, bo nie potrafiłem
uszanować. klej z łotewskim napisem ze
składnicy harcerskiej jako jedyny klei klocki lego
klejone lego, dziwne, chociaż wtedy
nie. mama każe spytać, czy ojciec pozwoli,
„tatusiu, czy zezwalasz?" „nie zezwalam"
(nie pamiętam na co), ojciec w łazience na tronie
sam głos, żółte światło w szczelinie pod drzwiami
archaik, rozstrój żołądka, już wtedy
ślepa kuchnia, ślepa łazienka, przerzutnie

rodziny między srogimi dobrotliwymi samozwańczymi
ojcami Tito (Ranković) – Gomułka – Tito (Dolanc) – Gierek
potem normalnie Jaruzel Jaruzel ile tego karuzela
Chrupiące Bułeczki Rakowski Król Polski i już
Lou Reed Lou Reed Lou Reed z własnego
prawa bierz nadania z własnej woli sam się
„tatusiu, czy zezwalasz?" „nie zezwalam" (ja na tronie)
„myślisz, że jesteś pięknym tatą, tak! a wcale nie jesteś!"
– cjanopan trochę zmatowił gładź na brzegach –
„idźże, idźże, już zostaw, kupi się drugie i tyle"
dzisiaj nie posklejałem palców, choć tyle.

KRAZY GLUE

what's daddy doing? he heats the wire attaches the ends
patches the parts he can't glue

almost all of them, because I have no
respect for things. the glue with Latvian label
was the only one that worked on Lego
glued Lego, weird, isn't it, but then
it isn't. mommy tells me to ask him,
"daddy, can I?" "no you can't" (I don't remember
what) father in the bathroom on the throne,
just his voice, yellow light through the crack underneath the door,
the ancient, upset stomach, already then
the windowless kitchen, windowless bathroom, run-on

family lines between strict kind-hearted self-declared
fathers Tito (Ranković) Gomułka—Tito (Dolanc)—Gierek
then obviously Jaruzelski Jaruzelski, enough of this carouselski
Rakowski king of "Fresh Rolls' Poland," and then a switch
to Lou Reed Lou Reed Lou Reed, arise you wretched
"daddy can I?" "no you can't" (I'm on the throne)
"you think you're a good daddy but you're not"
—the glue slightly dulled the surface near the edges
"it'll be fine, we'll buy another, don't worry"
today at least I didn't glue up my fingers, don't worry.

KARTKI

I

wyjeżdżam kolejką z krętego tunelu, idę popływać na Mljet,
dołączyć do polskiej klasy średniej. rybacy łowią kraby na palec,
kiwają w szpalerach. uderzasz w pianino jak w drąg. mierzysz ton,
ale to już było. zapach pitagorasa przebija papier. sześć zapachów,
trzy kolory, trąd wie co jeszcze wymyślą zaczajeni w mosiądzu klamki.
przepiękne skrawki, wierzchni i spodni, jak nie, to na makatce piękno
i prawda. odkładasz ubranie na brzeg, a sam jesteś ubraniem nurka,
porzuconym. przybija ci piątkę przedwcześnie hrabia Eötvös,
śpiewający kelnerzy wnoszą model statku. twoja hostessa ma
na imię Rakija. podaj pięć dioklecjanów, z czekoladą w środku,
musiał zostać chociaż jeden wyliniały lew! Warszawa,
Wrocław, Gdańsk, ze śpiewem żonglują lodziarze gałkami,
jednym bokiem oparci o katedrę w Trogirze, niebywałe.
cęgi zatoki, przenikanie się plam oleju, rosochaci z Woroneża
kręcą się w filiżankach. gdzie do diabła są kuny kiedy potrzeba
ich na tę wielką procę, rodzaj odwrotnego
bandżi?

POSTCARDS

I

my train emerges from the winding tunnel, I'm going swimming on Mljet,
joining the Polish middle class. fishermen catch shellfish with their fingers,
beckon from their boats. you bang on the piano like a board, calculate the pitch,
but this is old news. the flavor of Pythagoras penetrates the paper. six flavors,
three colors, leprosy knows what else those hiding in brass knobs will think up.
charming fragments, top and bottom, unlike that velvet painting truth
and beauty. you leave your clothes on the beach—it's you who is a diving suit,
abandoned. Baron Eötvös gives a high five, prematurely,
singing waiters bring a model of a ship. your hostess's name
is Rakija. hand me five chocolate filled diocletians
there has to be at least one bald lion left! Warsaw,
Wrocław, Gdańsk, laughing ice-cream men juggle their scoops,
lean against the Trogir cathedral, unbelievable.
the bay vice, a patch of spilt oil, the rugged Voronezhians
spin in china cups. where the hell are kunas when you need them
for this great slingshot, a sort of reverse
bungee?

II

co ty mówisz, kara paloszy, tak bawią się dzieci w cietrzej klasie.
tak bawią się, dżety, w hadronowym zgiełku, pokaż mi katedrę
a powiem ci imię gargulca. wysyłam mrówki do cukiernicy chociaż
sama mogłabym pójść. w zataczanie się bzu spod ziemi. w śnieg
w kwietniu, łososia w czekoladzie. mam więcej globalni za pazuchą
niż subcomandante Cero, poproszę więc tokaj samochodowy.
wiceburmistrz Lublińca otworzył nam motel, to nie framuga przecieka,
szosa krajowa musi zanurkować pod most i dopiero. rano czekamy
na fiestę, podjeżdża szechina, nieporozumienie, byle zdążyć. wiceburmistrz
w futrze, z niewyspaną żoną macha zza kierownicy. otwórz kanapę,
wydobądź dzieła kanta i korelatora. wiceburmistrz Mikołowa pokazuje
wyborowe miejsce, szlifowanie bruków. okręć się, w pinbolu,
siedem automatów w przyziemiu zmieniło język całej generacji, na pewno
części. przywieźli neskę. już nie byłeś u Róży, pogo do świętego szczytu,
ogniskowania się wokół łódzkiego nestora w majtkach. bez straty
sekundy nadziei jak Jon Voight wlewam do kowbojek
perfumy.

II

what are you saying, a different wall of bax? gird thraders play this game
oh yeah they play, these jets, in the hadronic noise, show me your cathedral
and I'll tell you the gargoyle's name. I'm sending ants to the sugar bowl even
if I can go myself. into the lilacs staggering from under the ground, snow
in April, lox in chocolate. I've got more globalistan in my pocket
than subcomandante Cero, so please fill it up with unleaded tokai,
Lubliniec's deputy mayor opened the motel for us, it isn't the window that leaks,
the interstate dives under the bridge and only then. in the morning we wait
for a Fiesta, a Shekhina drives up, miscommunication. not to be late. the deputy
mayor in a fur coat with his sleepy wife waves from behind the wheel. open the
sofabed, take out works by Kant and the correlator. Mikołów's deputy mayor
shows us an exquisite place, taking our time. spin around, in pinball,
seven basement machines have changed the language of the entire generation
or at least of part of it. they brought nescafe. you didn't go to Róża's, pogo over to
the holy peak, hanging on with a patriarch in boxers from Łódź. without losing
a minute of hope I pour perfume into my cowboy boots
just like Jon Voight.

RUTHERFORD.
ŚMICHY CHICHY Z PEWNEGO SPOSOBU WSADZANIA

ta cząstka miała pięć mew i to się Rutherfordowi udało.
inaczej nie odbiłaby się od płatka złota *jak kula armatnia od serwetki*
dygresja filozoficzna. ha ha. rola przypadku. serwetkę rozłóż na kolanach
dalsze użycia płatka, kuli, mew i odbić złota na roli, które zwyczajowo
w tym miejscu się wsadza sobie wsadź, bo idę spać.

RUTHERFORD.
MAKING FUN OF A CERTAIN TYPE OF INSERTION

the particle had five MeVs, and here Rutherford lucked out. for otherwise
it wouldn't bounce back from the gold foil *like a cannon ball from a tissue*
a philosophical aside. ha ha. a question of luck. spread the tissue on your lap
further uses for foil, cannon ball, MeVs bouncing off gold and the like
usually inserted here, you can insert up your rear, I'm outta here.

WITTANKO

przyszedł do mnie chudy pan, mówi
Wovon man nicht sprechen kann,
darüber muß man schweigen.
dobra, byś lepiej podał fajkę.

GREETTGENSTEIN

Once cometh to me a thin man:
Wovon man nicht sprechen kann,
darüber muß man schweigen.
Whatever, spare change, man?

ONA WIE, ALE NIE PUŚCI PARY

bezbarwne zielone idee spały niespokojnie.
bierze czasowniki w pierwszej osobie, alogiczne
metafory, paczkę przerzutni, idę stanąć do
płacenia. kim jest kobieta zemdlona z nudów?
jakie ma włosy, paznokcie, skrzydełka nosa?
ten nie ma zdjęcia, tamtemu się zwiesza, tamta
też nie może znaleźć. fatum. wzdłuż torów
prześwietlona opona zieleni, przedsamochodowa,
bardzo już powycierana, ale jest. zagajnik na jedną brzozę,
dwie osiki w głąb, ale jest. może nie trzy, dwa
i pół wymiaru na pewno. kratownica. zawsze kratownica
mostu. choć na Pomorzu częściej, po kanclerzu stalowym.
nieznana twarz miga w kratownicy mostu, nie mruczando
eschatologii, promieniowanie tła w patykach po gołębiach:
odbicie w szybie bo zrobił się zmierzch. ten sam
księżyc w Malborku, Tczewie, krasnoludkowych basztach Sopotu,
może bardziej żółty, lekko fioletowy, nie wiem.
ten sam samum nad Jerozolimę i Moskwę, kilometry piachu?
Anna Dymna na miotle w efektorach 2,5D? nie wiem
tego. czasownik w pierwszej osobie: nad samą wodą
pomarańczowy wąż gumowy robię kisiel z głowy
młodym mężatkom, przez uszy – krwawo zachodzi
bifurkacja biusthaltera – nie puści
pary, z garści. nic.

SHE KNOWS BUT KEEPS MUM

colorless green ideas are sleeping uneasily.
she picks up verbs in the first person, illogical
metaphors and a bunch of enjambments, I go
to the register. who is this woman faint from boredom?
what's her hair like, her nails, her flared nostrils?
this one doesn't have her photo, that one slumps, she
can't find hers either. fate. along the tracks
an overexposed green carpet, pre-car,
very worn, but still there. a grove, one birch,
and two beeches deep, but nevertheless. perhaps not even three,
but surely two and a half in dimension. a grid. always a grid
of a bridge. although more often in Pomerania since the iron
chancellor. an unknown face flickers through the bridge's grid, no hum
of eschatology, background radiation in the pigeons' sticks,
reflection in the glass as it's already dusk. the same
moon in Malbork, Tczew, gingerbread turrets in Sopot,
perhaps more yellow, slightly purplish, I don't know.
is it the same simoom in Jerusalem as Moscow, miles of sand?
or Anna Dymna on a broomstick in 2.5D effectors? I'm not sure
about this. a verb in the first person: over a body of water
an orange rubber hose, I blow air in the brains
of young wives through their ears—a bra
bifurcates in blood orange hues—she keeps
mum, close to her chest, not a word.

ZBIESZENIE SIĘ PREZENTERKI
PROGRAMU MUZYCZNEGO KANAŁU AL-DŻAZIRA

bon soir mówiła grzecznie
i baj-baj. a pośrodku: szukran habibi. i: ana mapsuta
ale to nie miało znaczyć że zepsuta. ani że ma się pod psem.
wręcz przeciwnie. beduińskie sny o przepychu,
śmigają leksusy, ciurka zewsząd woda. dziewczęta pląsają
na samym brzeżku horyzontu poznawczego
sympatycznego pana z wąsami i brzuszkiem.
wszystko na miejscu. milutkie sztafażyki
falują biodrami jak trza. pan śpiewa, śpiewa, bo
haterski tenor i tyle im przecież może. z tyłu
półek. a ona? nagle wampirek. nagle mapsuta
jakoś bezczelnie i obco, rozchełstane nogi.
pilot przynajmniej bezpiecznie zadekowany
w czeluściach tapczanu. niech nie myśli.
ona? wstaje, podchodzi, naciska, wył-

THE MUSIC HOUR HOSTESS
ON AL-JAZEERA THROWS A FIT

bon soir, she always said politely
and bye-bye. in between, shukran habibi. and ana mabsuta
but it wasn't that she was upset. quite the opposite.
Bedouin dreams of luxury, whizzing Lexuses,
water gurgling everywhere. girls belly
dancing at the very edge of the cognitive horizon
of this likable man with moustache and belly.
everything in its place. sweet ornaments
waving their hips just right. he sings, sings with he-
roic tenor, a very powerful man. giving so much. and she?
suddenly a vampire, suddenly mabsuta
brazenly and wildly, legs all over the place.
at least the remote is safely stored
in the sofa. she? should know better.
she gets up, goes, clicks, off—

ON MA

a więc drobny nudziarzu, mówię
będę musiała karmić bliźniaki przez system rurek.
twój brat ma szersze pasmo, co zrobić.
a on: mam jeszcze jednego syna, ale nie przyszedł.
wnuka. tak, wnuka. wiesz co mam? astenosklerozę,
chychychychy. Leśmiana nie. zmartwiłbym się
dopiero, gdyby. (w tle) gdzie mi
dajesz ruting, do Aleksandrii?! owszem
tutaj, w grocie, pod Koptami. jako mama!
rozumie pani? mama! trzeba mówić językami
i pokrywać za wszystko. a za dekarzy! bojler!
mam wykształcenie pielęgniarskie, a
niektórzy goście. nie, niech pan śpi. niech śpi.
Polacy z waszymi winami. prać pościel,
Merlot, założę się, że gdyby pana żona.
cynaderki, proszę wierzyć, wręcz przyjemne w smaku
ofakinszit. teraz widzę: bo socjo pat!

HE HAS

so, you petty bore, I said
I'll have to feed the twins through a set of tubes.
your brother has wider bandwidth, what can we do.
and he: I have another son, but he didn't come. a grandson.
yes, a grandson. you know what I have? asthenosclerosis.
hahahaha. not Leśmian. I would be upset
if. (in the background) where are you
routing me, Alexandria? certainly
here, in the cave, under the Copts. as a mother,
do you understand? a mother! you need to know languages
and pay for stuff. for roofers! the boiler!
I have a nursing degree while
some of my customers. no, you should sleep, please go to sleep.
you Poles whining about your guilt. washing your dirt,
merlot, I bet your wife.
kidneys, trust me, taste quite nice
ohfuckingshit. now I get it, a socio path.

HIATUS

jeszcze kodeki na noc, wojna kodeinki
z kofeinką, karnawału z postem w środek
słaabo? z czasem dojść do takiego przydechu
jaki ma Dziecko Przeznaczenia: pierze w riltajmie.

kupię komplet naklejek na kolarkę znanej grupy kolarskiej.
jak tak: awansujemy! jak nie: siatkarki przegrały! nie darmo
marynarze widują stada ptaków, bezradnie kołujących nad
wodami na południe od Azorów, Krowodrzy, Prądnika –

HIATUS

and the codecs for the night, the battle between codeine
and caffeine, carnival and lent in the middle
this sucks! over time achieving the same breath
control as Destiny's Child: feathers in real time.

selling a set of stickers of a celebrated cycling team. if yes,
we'll advance! if not, the volleyball varsity women will have lost!
not for nothing do sailors see flocks of birds circling clueless
above the waters south of the archipelagos of Azory, Krowodrza, Prądnik—

HIATUS

spust nosów na równoległe kwinty po dwóch stronach miasta
triada kwartowa? kanciasty kołek! obwisły w sumie dwa centy.
plus dwa razem cztery, musiałbym być jakimś Schnablem, doprawdy.

czy my się jeszcze zobaczymy? tam były triby, Wojtusiu,
ale nasze triby, rumuńskie. Madziarzy nie mają praw.
mijamy się przed śniadaniem, elektrowóz świszcze,

można by chociaż pójść pogłaskać alpakę. skrobię po chrumkaniu
liści, to i tak samo się robi. w schowku nad siedzeniami
albo pod przeciwległym siedzeniem. biała ściana zwija się

w punkt, laserunkowo, nie ma się co zaczepić o świecące krawądki.
bułka weka pod tromba d'arią. przyślę z wizytą wszystkich kuzynów
topoli, nawet, nie przymierzając, z Pieńkowic. poruszenie story?

HIATUS

being thrown into a funk of parallel fifths in different quarters of town
a quartal chord? a square peg! only two cents off.
plus two more equals four. c'mon, I would have to be Schnabel.

will we see each other again? the tribes were there, dear Wojtek,
our Romanian tribes. the Magyars have no claim.
we pass each other before breakfast, the electric train whizzes by,

at least we could go pet an alpaca. I scribble after munching
on leaves, it just flows from me. in the overhead compartment
or under the seat in front. the white wall folds into

a dot, glossily, there's no point in holding on to shiny edges.
french bread in a tromba d'aria. I will send all the poplar's cousins
to pay you a visit, even from Stumptown. a moving blinds story?

HIATUS

sroczka fado warzyła na miseczkę i do naparstków.
ta egzaltacja wyżre mi żebra.
czy odtąd wszystko będzie nazywało się "rozziew"?
total tantal. dopóki coś się nie zacznie. dopóki
słonie z cyrku nie wejdą do klęczników
wężorowce nie zanucą jak Sinéad O'Connor.
trzebaż ci głaska: ślicznie się zaburzasz
w wialni trzymaj głowę.
zaciekawienie na mnie przyszło, święto kłusaków.

HIATUS

a blackbird cooks fado into pudding and pie.
this affectation will eat into my ribs.
will everything be called a "fissure" from now on?
a total tantal. until something happens. until
circus elephants enter prie dieus
dragon fish sing like Sinéad O'Connor.
you need some strokes? you disturb so beautifully
keep your head in the winnower.
I got curious, with a festival of trotters.

IN LINE AGAIN

linie napięcia nucą: find somebody new,
bo cię uwielbiam. z jakiej to czapki? nie wiem tego.
inne rzeczy, ale nie Pearl Jam. co cię mięsi, kisiel?

śpiewa dziewczynka. natężenie natężenie uwaga wzruszenie
wyjście z metra prosto w wylot Uhlandstrasse
gdyby niedźwiedzie i rysie pakowali w walizki!

„potańcówka bez tlenu, w strumieniu sulfatarów"
„zjadłem panteizm i wszedłem po drugiej
wyszedłem w południe, w jasny dzień, pomiędzy rolkarzy".

za rogiem: kolejka na Zawrat, kiełbaski, oranżada,
szczęk widelców. a myślałem, że trzeba będzie wołać
sześć razy na minutę, ze stanowiska z igły w zamarzniętych trawkach.

IN LINE AGAIN

voltage lines sing, *find somebody new,*
'cause I adore you. where's that from? I don't know.
something else, not Pearl Jam. which syrup stirs you up?

a little girl sings. tension tension watch out intention
exit from the metro straight onto Uhlandstrasse
if only bears and bobcats were stuffed into suitcases!

"an oxygenless dance party in black smokers"
"I ate pantheism and entered just after two
I left at noon, into the bright daylight, in between the skaters."

around the corner: in line for Zawrat, hot dogs, lemonade,
clinking forks. I thought I would have to yell
six times a minute. from the belay of a needle in the frozen grass.

IN AGAIN AGAIN AGAIN AGAIN

wyjedziesz ze mną na prowakacje?
ojciec przyniósł kaki z placu,
robi się jaśniej. chcę cię mieć centralnie.
na turlanie. nic nie wiedzieć, żeby wiedzieć
i które są te kapsuły? masz śnieżnozielony
wierzch dłoni. poczekaj na albedo, labogo
listopadowa, nie pędź w głąb. poczekaj
na wachlarz, rozkrzewienie
żółte mlecze, mleczu, zielone jest
Rondo Grunwaldzkie. poczułaś
kwas? odjąłem listwę, żeby sprzątnąć.
gdy nas odjęło, można przyłapać. tak.

IN AGAIN AGAIN AGAIN AGAIN

do you want to take a provacation with me?
my father brought some kakis from the market,
it's getting brighter. I totally want you.
for rolling. to know nothing in order to know
and which are these caplets? the top of your hand
is snowgreen. wait for albedo, you bleeding
belladonna. don't run in. wait
for the fan, blooming bushes,
yellow dandelions, dandelion, so green is
the Grunwald Circle. feel the
acid? I removed the slat for cleaning.
where we're removed we can be fastened. right.

IN LINE AGAIN AGAIN

wysokie mi obroty
przelatują przez oczy, wielkie jak u Wielkiego Ptaka
więc zastanów się. z konfekcji masz skrzydła?
zlepieniec: przecież nie może być z przyszłości!
albo z teraz. mówił mi Filas, możesz wierzyć
o co chodzi, nie? le sujòt:

(czy ty wiesz z kim
rozmawiasz?) z Panem Bogiem rozmawiasz!
rozumiesz to? lajt, Marek. wylajtuj się.
to jest Floriańska, to jest brama, to jest styczeń albo grudzień.
Marka Bifharta widział ktoś? podobno, odmrożony, w houston
kontroluje loty.

IN LINE AGAIN AGAIN

high rpms
fly through my eyes, as big as Big Bird's
think about it. as for apparel, do you have wings?
a pudding stone—this can't be from the future!
nor the present. Filas told me this so you can believe
it, right? le sujêt:

(do you know who
you're talking to?) you're talking to God!
understand? take it easy, Marek, relax.
this is Floriańska Street, this is the gate, this is January or December.
has anyone seen Marek Beefheart? I heard he landed in the cuckoo's nest
with snow burn, temporarily grounded.

IN LINE AGAIN AGAIN AGAIN

cały jestem strefą zgniotu.
cała jesteś boso po ubitym śniegu.

odpukać, lekki uraz przywodziciela.
(dwa dni nie trenowałem).

nieźle muszę się naciągnąć, żeby wydobyć ton.
używałem ustnika numer zero, mówi,

od puzonu. z zewnątrz taki sam, od środka
otwór jak stodoła. masz więcej dźwięku w instrumencie,

pewnie. ale nie nadążysz z dostarczaniem powietrza,
i: zero. he he.

mknie przez korytarz na suknach. przejazd
bez dróżnika wisi mu wąsy.

IN LINE AGAIN AGAIN AGAIN

I'm a crumple zone.
you're barefoot on packed snow.

knock on wood, the mild trauma of an adductor
(two days without practicing)

I need to press hard to produce a sound.
I used a number zero mouthpiece, he says,

from a trombone. looks the same but inside the hole
is like a barn. you get more sound from the instrument,

sure. but you can't produce enough air
and nada. hee hee.

he slip-slides across the hall on felt slippers.
the unguarded crossing owes him whiskers.

IN AGAIN AGAIN

„wykonuję
różne czynności, a nie wiem, co mną kieruje. co kazało mi
kupić ptysie? co kazało mi kupić piwo? dlaczego, dlaczego,
dlaczego nie kupiłam soli?

więc nie lubię być zombi. uprałam swoją ukochaną kurtkę
i ona się spruła w pralce, wiesz? od tych wypustek bębna.
nie mam w czym chodzić, bo przecież ja nigdy nie mam
zapasu. a tu jesień.

generalnie czuję się, jakbym jeszcze miała szansę, ale mam
wrażenie, że mam ją po to tylko, żeby ją zmarnować. nie
masz czasem takiego uczucia? (brawo, w dwóch zdaniach
cztery razy mieć)".

IN AGAIN AGAIN

"I do
different things and don't know what makes me. what made me
buy cream puffs? what made me buy beer? why, why,
why didn't I buy salt?

I don't like being a zombie. I washed my favorite jacket
and it tore in the washer, can you believe it? from the paddles
in the drum. I don't have anything to wear because I don't have
extra things. and it's fall.

basically I feel as if I have another chance but it
seems I only have it to waste. don't
you feel the same sometimes? (great, three sentences,
four haves.)"

IN AGAIN AGAIN AGAIN

trzy razy zapiał kur, potem epikur.

byłby się zadławił, gdyby nie.

przerąbane żyć cały dzień w przerębli.

szakszuka to pyszna mieszanina, nakryta jajkiem.

zrobić sobie domek. z trzech jedności

manewrem kleszczowym wydrapię ci chleb.

karpia chwyta, za skrzelami

zrób wymach: zgubi zapach mułu.

on, ona i tamten są bardzo poważni.

kierują do wlotów duszę narodową.

na taflę zbrojonego szkła, na całą ścianę.

wszystkiego po trzy tylko zębów nie

IN AGAIN AGAIN AGAIN

three times the cock crowed, then cocteau.

he would have choked if not.

it blows my mind to live all day in a blowhole.

chakchouka shockingly tasty, topped with an egg.

to build a house. of the three unities

I will rip out your bread with a pincer movement.

he catches a carp. behind its gills.

swing it—it will lose the muddy smell.

he, she and that guy are so serious.

they direct the national soul to inlets.

into the bulletproof pane, a whole wall.

three of everything but teeth

będzie jechał na zblokowanym moście aż pogruchoce dyfer.
jaki pożytek z zegarka, jeśli nie pokazuje czasu?
mieć zęby jak Rysiek Reszka: siadło mu libido,
wróci do żony. nurkował pod próg w kalarepce.
załóż stan, a przesmyknę się po wymyciach. u nas nigdy nie mówiło się:
załóż stan. mówiło się: masz auto? mam auto! wybieraj!
ale co z tego, jeżeli to i tak wszędzie. pamiętać tylko, aby nigdy nie mówić
wybierz luz. mgła może stulić komuś uszy i usłyszy tylko
nieszczęście gotowe. na kolanie przepis na sto potraw ze Świnicy.

zlały mi się ręce i nogi z wiśniami.
traciłem czas. a wy, kim byliście?
miałam wspólny kapelusz z Celnikiem Rousseau,
w lokomotywowni przeprowadzam nieporozumienia.
loko, loko. przeszywają mnie te brązowe zakurzone
skosy. czasem robię: bumf! i wybijam rym.
czasem uśmiecham się skrycie jak laubzega,
na miękkich poduszeczkach wbiegam jeszcze na chwilę za filar.
święte pszczoły obnoszą wścibskość,
marchew drewnieje. po co adwent, jeśli pogruchotało
skrzynki jabłek, całymi kopcami ziemniaki?
przenika mnie druszcz. powinienem się zaangażować.
płacz z dala od wanny jest niezręczny, bo wszystko
widać. czasem punktakiem wybijam dziury w pasku.
czasem w tle. nie marnuj materiału, materiału,
póki nie zmienią się nieporozumienia w Kioto.

he'll drive with a blocked axle till he kills the diff.
what's the use of a watch if it doesn't show time.
to have teeth like Rysiek Reszka: his libido conked out,
he's going back to his wife. he dove under kohlrabi threshold.
ready to climb, edging these pockets. we don't say
ready to climb. we say, on belay? belay on! rope!
who cares, it's all the same everywhere. just never say
slack the rope! the fog can clog ears and what you hear would be
a disaster in waiting. a recipe for chopped meat from Świnica.

my hands and legs blended with sour cherries.
I was wasting time. and you guys, who were you?—
I shared a hat with Rousseau-Le Douanier
I conduct discords in the locomotive shed.
loco loco. these brown dusty diagonals penetrate
me. sometimes I go boomph! and tap the rhythm.
sometimes I secretly smile like a jigsaw.
I sneak behind the pillar on my soft paws for a little more.
holy bees carry around their nosiness,
carrots lignify. what's advent for if the apple boxes
shatter, and whole heaps of potatoes.
I got the sheeevers. I should get involved.
it's awkward to cry away from the bathtub because everything
can be seen. sometimes I punch holes in my belt with an awl,
sometimes in the background. don't waste any material, material
until the Kyoto discords change.

173

nie rób, jak mówię, tylko mów, jak robię.
wrzuć mu bombę z wodą z piętra.
to był dyrektor Stefanów. na stuleciu matury
siedział między biskupem i generałem angielskim.
wówczas pomyślał: gonitwa po zakolu pączka!
na takie tace nie ma, jak melex. muszę to wprowadzić
jeszcze przed światłem jarzeniowym i odmianami
baroku. jak pomyślał, tak zrobił. przynieście salę do chemii!
w przenośni zainstalujemy Grzegorza Turnaua,
niech odciąga. przerwa na Różę Krok! przerwa na
Gochę Muchę! na Izę Uhl i Jaśka Rokitę! to będzie nasz skład
na przełaj z Nowodworkiem. Heraklit nie był dyskobolem,
Heraklita bolało. tylko jeden uczeń poszedł do partii rządzącej.
wieczorem powietrze drżało, świeciło na SKS-ach
i naprzeciwko, w energetyku.

teraz on ma dużą aperturę. wychodzi z jego mocy
i napięcia wyjściowego. moja dusza też stała kiedyś
na mrozie i zaglądała w okienko: taki porządek dziobania.
przemknął pokaz piwa. pokaz piwa? lecz asiorem.
podlecz go. niech łyka głęboko, aż do dziewiątek.
wepchnąłbym go pomiędzy szyby. one nie niosą gorąca.
niosą metaloplastykę, chlubę izby rzemiosła.
teraz on tnie grzbiety fal, poziomą tablicę Kościuszki.
ma dużą aperturę. przyciąga opiłki aż widać linie sił.
moja dusza stała kiedyś na mrozie i zaglądała
jedzącym w talerze. teraz on przyciąga spojrzenia,
rozchyla płatki. podleczyłbym go dwoma królami
pod rząd i asiorem. moja dusza spasła się na trzech
jednościach, kremówkach z dżemem. spójrz mi w talerz.
chuchnij w szybkę. zatocz palcem krąg, rodzica skorup.

174

don't do what I say, say what I do.
drop a water balloon on him from the landing.
this was principal Stefanów. at our hundredth reunion
he sat between the bishop and the British general.
then he thought, a chase around the doughnut's curve.
there's nothing like a golf cart for these trays. I should introduce
this before fluorescent light and baroque forms.
and so he did. bring in the chemistry lab!
we'll attach Grzegorz Turnau, metaphorically,
he'll do the sucking. a break for Róża Krok. a break for Gosia
Mucha! and Iza Uhl and Jan Rokita! this is our team
for cross-country against Nowodworek. Heraclitus didn't throw discus,
Heraclitus discussed. only one student joined the ruling party.
in the evenings the air shook, the gym was lit up,
and the HVAC school across the street.

now his aperture is wide. this comes from his power
and output voltage. my soul too once stood
in the cold peering in the window, that's the pecking order.
the beer promo is over. what beer promo? trump him with an ace.
grill him. he needs to dig deep, all the way to the nines.
I would sandwich him between glass. it doesn't draw heat.
it draws metalwork, the pride of our arts and crafts guild.
now he cuts through the waves, the flat Kosciusko plaque.
a wide aperture. draws shavings so you see the magnetic lines.
my soul once stood in the cold peering
at guests' plates. now he draws looks,
opens petals. I would trump him with two straight kings
and an ace. my soul got fat from the three
unities, jelly-filled doughnuts. look at my plate,
blow on the glass. with your finger draw a circle, the parent of all shards.

175

jesteś czasem? zapomniałeś być tabletką
od dorosłości? na pętli jest grajnia.
można skakać Małyszem na manetkę.
patrzysz do góry albo na dół, nigdy w bok.
płaszczyzna cię mierzi. swoje orzechy chowasz
w głębi. im dłużej trwa zima, tym więcej połączeń
masz w mózgu. ale wszystkie pionowe. pionowo
wzdłuż pnia w górę, potem w głąb do dziupli.
albo anioły u wylotu powietrza, wśród błysków,
albo przy ziemi robić ludziom lody za pieniądze.
tertium non datur. żebyś swego czasu
znał mojego kolegę Dziędzierzawę!
tanie są orzechy. kiedy spotyka się dwóch, jeden
jest królewną. nie może być waga w równowadze.
użyj torebki cukru, jeśli braknie kila.
w mydle strugamy: to są karnawały względnie pierwsze.

plastikdromedar!
jest coś w naszym porządku „na początku"? ciekawe
jest też słowo „mehari": przebija się w różnych towarzystwach.
do obu mówią, do jednego widać z większym skutkiem.
mamy ramę rurową. ten maszt jest stary. drzazgę z włókna
szklanego obracam w palcach, potem pod skórą. efekt
stacji polarnej: powietrze sieka twarz jak piaskowanie kamień.

mówi „jabłuko" i mówi „urlotka". „perułka"
i jeszcze „obrąża". musi być połączenie sensowne.
nic się nie bierze z niczego. bez tego też nie dojdzie
do czego. są takie pory, które się pamięta,

what time are you? did you forget to be an elixir
against adulthood? there is an arcade at the end of the line.
you can play ski jumps with a joystick.
look up or down but never to the side.
flat surfaces sicken you. you hide your nuts
inside. the longer the winter the more synapses
in your brain. except all are vertical. vertically
along the trunk upward, then into the tree hole.
angels are either at the nozzle amidst flashes,
or close to the earth, turning ice cream into money.
tertium non datur. you should have known
that guy Jimsonweed!
nuts are cheap. when two meet, one is
a princess. a balance can't stay balanced.
lacking a pound weight, use a bag of sugar
we carve in soap: these are coprime carnivals.

Plastikdromedar!
isn't there anything in our order "at the beginning?" also
the word "mehari" is neat—it shows up in many contexts
they speak to both, apparently more effectively to one.
it has a tubular frame. this flagpole is old. I roll a fiberglass
splinter between my fingertips, then under my skin. the desert
island effect—air blows in the face like sandblasting stone.

she says, "ahpple" and "pahmphlet." "coiffureh"
and "collah" too. the connection must make sense,
nothing comes from nothing. also without this it won't
come to whatever. there are seasons you remember,

a inne ciach do sałatki i zaraz nie ma.
okupuj mnie, okupuj. będę twoją
okupacją w czterdziestu sześciu obrazach i więcej.

masz w twarzy dwie kobiety, młodszą i starszą,
powiedzmy za dwadzieścia lat. młodszą się
uśmiechasz, starszą patrzysz. patrzysz? nie ma
czasownika na takie natężenie. ktoś stoi za tobą,
kładzie ci rękę na ramieniu, leciutko. w piwnicy
gra Cartier-Bresson z Nigelem Kennedym.
ten zagra z każdym. dźwięk wysnuwa się z kratki
u stóp bankomatu. jak pyszne zapachy,
które w kreskówkach chwytają postacie za nos
palcami z dymu i gdzieś prowadzą.

facet na fotelu ze skrzydłami, mówi:
to jest gra. to nie jest gra. sypać skrami w szybie windy.
dobrodusznie wspiera się o poręcze, mówi:
każdy ma szansę, nawet bez dyni z dyszlem na karocę.
a tego fali to nie znam. wiem, że rano dostaje frazy.
o niektórych ciałach stałych: prytanejon, klejstenes.
nic poruszającego. jest reaktywnym śmieciarzem.
a co dopiero krwinki czystej! w nadszarpniętym porządku
ślęczymy, w chińskim bistro na Vaci. ut, nie utca,
bo tu akurat różnica jest ważna. z małpią zręcznością wspinać się
po rusztowaniu z lamp i dźwięków, tuż zanim Moby zacznie
puszczać longplaye, w końcu za to płacą.
fajne mieszkanie, tylko bardzo akustyczne. na Zrytego Wieku.

others chop chop, into a salad and gone.
occupy me, occupy me. I'll be
your occupation in forty six pictures plus.

in your face are two women, a younger and older,
let's say in twenty years. with the younger
you smile, with the older you look. look? no verb
can describe such intensity. someone stands behind you,
puts his hand on your shoulder, gently. in the basement
Cartier-Bresson plays with Nigel Kennedy.
who can play with anybody. sounds seep from the grate
next to the ATM. like delicious smells
in cartoons that grab characters by their noses
with fingers of smoke and drag them away.

the fellow in the armchair with wings says,
it's music. it's not music. to sprinkle sparks in the elevator shaft.
he leans jovially against the banister saying
everyone gets his chance, even without a pumpkin coach.
I don't know what wavelength he's on. all I know is every morning
he gets wired. about some solids—pritaneion, cleisthenes.
nothing too moving. he's a reactive garbage collector.
to say nothing of a clear blood cell! in broken order
we toil, in a Chinese bistro on Vaci. ut, not utca,
because here the difference matters. to climb the scaffolding
of light and sound like a monkey just before Moby starts
spinning vinyl, that's what he's paid for.
nice apartment but very loud. at Molten Age Ave.

mój gość pojechał, a ja mam trochę przemyśleń.
no, jakoś się nam nie składa. w każdym razie nowy
półtajny numer wynosi: pa. (puszczę sygnałka, lubisz?)
nie umiem w dwóch językach na raz. jak nie wszystkie
komunikaty przetłumaczone na wierzchni, to
wolę już kliknąć drugą flagę. Wenecji-Friuli.
gdzie o rzut beretem mieszka ludzka rybka
i buty są w Bacie na bloku granicznym eleganckie
choć tanie. już po drugiej stronie: ogród w Sežanie
bardziej by pasowało nazwać skwerem botanicznym,
na terminalu wąsami powiewają i szumią tirowcy.
nie widziałem, ale wiem. mówiła mi żona.
i to jest mój problem z tobą. nie licząc innych
spokrewnionych i niespokrewnionych dziewcząt,
rozumiesz, nie? nie. przygnębiasz, tym mascarpone.

szepce jej do ucha: mamy swoją piosenkę, wiesz?
jak to możliwe? misz arif. czarno-biały
Abdel Halim śpiewa pieśń o irygacji,
zbiorniku asuańskim. teraz śpiewa ona: czy cię kocham?
ana marafszi, ana marafszi. nie wiem tego.
ten znów o zbiorniku. posadzimy rzepę, bakłażany.
wyznaczymy drzewom: ty jabłka, ty misz-misz. morele.
nie może nam wiatr wywiać gleby. warzywa się zdadzą.
zawsze chciałem zjeść kaki. albo chociaż o tym zaśpiewać.
a ona: zjadł mnie oryks. jak kolokwintę,
trującą dynię. nikomu innemu to się nie uda.
jesteś oryksem? masz proste rogi? no nie wiem, nie wiem.
ana marafszi, habibi. będziesz chodził struty.

my guest left and now I have a few thoughts.
well, things don't seem to be working for us. in any case the new
semisecret number equals: bye. (I'll send a signal, like it?)
I don't know how you do it in two languages at once. if all
messages are not translated on the surface, I'd rather
click the other banner. Friuli-Venezia Giulia.
where human fishlet live at the drop of a hat
and shoes at Bata's at the border crossing are classy
if cheap. on the other side: the garden in Sežana
ought rather to be called a botanical square,
in the terminal truckers rustle and wave their moustaches.
I haven't seen this but I know. my wife told me.
that's my problem with you. not to mention other
blood-related and unrelated young girls, you understand,
don't you? you're depressing me, with this mascarpone.

he whispers in her ear, do you know we have our song?
how is it possible? mish areef. black-and-white
Abdel Halim sings a song about irrigation,
the Aswan Reservoir. now she sings, do I love you?
ana marafshi, ana marafshi. I don't know.
he keeps on about the reservoir. we'll plant turnips, eggplants.
we'll assign tasks to trees: you do apples. you mish-mish, apricots.
so that the wind won't blow the soil away. vegetables would be good too.
I always wanted to try a kaki. or at least sing about it.
while she says, an oryx ate me. like a colocynth,
a bitter apple. nobody else can do it. are you an oryx?
are your horns straight? well, I'm not sure, not sure.
ana marafshi, habibi. you will live bitter.

sybiści biorą wzór z kolegów krótkofalowców. sympatycznie
wprowadziłeś patenty. dwa albo trzy, byle się czego
przytrzymać. mówi się: odeszła, ale naprawdę to rak. trzeba wymyślić
inne słowa, żeby nie było zamieszania. bo naprawdę też odchodzą,
w innym pokoleniu. w sensie: do Piotrka w Hucie, brendmenedżera
keczupu. zabierają dzieci i będą budować dom. od tego czasu
dwa pokolenia same stały w domu. na górze i na dole. na Azorach.
to się nie robi śmieszne. przecieka przez framugi narracja. kompletna seria
powieści "z głową", kompletna seria poezji "w celofanie". monografia
rachunku krakowianowego. z góry pokolenie woła pokolenie z dołu na pierogi.

promieniują story z roju Uranidów. zamknąłem
obrazy i byłeś wściekły. niepełna separacja.
przyszła Chaka Khan i zjadła ser, którego nikt nie chciał,
pokruszony. poczułem się o niebo lepiej, odkąd przestałem
słuchać braci Lowry. było trzech panów na chmurze, mamo,
i rzucili mi z powrotem mój samolocik. nigdy więcej butaprenu,
synku. tak rodzi się program tęsknoty. chciałeś złapać termikę i
poszybować wyżej: pies, który pił piwo i smażył na oleju.

za Dąbiem luźniej. temu zwierzęciu z grzbietu
wystaje perz i widłaki: cenił go Cioran. dziadek Emil
w palcie i kapeluszu idzie do parku na szlaję
wraz z adiunktami rumunistyki. czasy takie, że uchodziło.
teraz młodzi panczeniści roztrącą wszystkich.
ryty płodności, nic innego. podobnie jak pod obrusem sianko.
dziewczynki z Hutniczego mają pasemka. ibidem.
passim. nawet w nadgniłym powietrzu przyjemnie
powywijać. wszystkie wieżowce jak domki złej teściowej

those CB guys follow the example of hams. you nicely
introduced these patterns. two or three, just to hold on
to something. they say she left but in fact it was cancer, we have to invent
some other words so that there's no confusion. because they leave too,
a different generation. as in moving to Piotr's in Huta, a ketchup
branch manager. they're taking the kids and plan on building a house. since then
two generations have lived in one house. one up one down. in Azory.
that's no joke anymore. the narration leaks through the frames. a complete run
of novels "with heads." a complete run of "shrink-wrapped" poetry. a monograph
on cracovian calculus. the upstairs generation invites downstairs in for pierogis.

curtains radiate from the swarm of the Uranids. I locked
the images and you got mad. an incomplete separation.
Chaka Khan came and ate that cheese nobody wanted,
the one in crumbs. I feel much better since I stopped
listening to the Lowry brothers. there were three men on a cloud, mom,
and they tossed my plane back to me. no more airplane glue,
kid. that's how a program of longing is born. you wanted to catch an updraft
and glide higher: a dog who drank beer and cooked with oil.

after Dąbie it's less crowded. couch grass and clubmoss
stick out from this animal's back: Cioran valued it. grampa Emil
in his greatcoat and hat takes a stroll in the park surrounded by
junior scholars of Romanian lit. then it was acceptable.
nowadays young skaters would run into everyone.
the rites of fertility, that's it. just like hay under the tablecloth.
little girls from Hutnicze have hair with stripes. ibidem.
passim. it's nice to swing even in rotting
air. all the skyscrapers are like an evil stepmother's

183

z baśni, w mgiełkach. z wysoczyzny za Węgrzcami.
bez obrazu. pupą do skały, sposób zawsze doskonały
wyborna szkoła z Uhlandstrasse. Perugia mnie zrodziła,
wychowałam się w Myślenicach, ale zawsze czułam się
związana z Nowosądeckiem. jestem człowiekiem lasu.
moje stanowisko to *hochstapleur*.

myślałem, że wąsy, a miała ciemną szminkę.
stopa werbel, stopa werbel: to ma być ta chińska muzyka?
to dzika podróż, do przystanku Tiergarten
i dalej. mało co, a nie widziałbym na oczki.
gdzie moje lizaczki? po drugiej stronie jadaczki.
szukaj, piesku, napisałbym: łysy, ale mi wstyd.
mówiłam, że coś tam zostawiłaś. a ty przechodzisz sobie
jak gdyby nic. permanentny remanent.
leci z beretu takie historie, że gotowy sampel.
pęknięte jest moje jabłko: idziemy na sanki.

dzień, w którym haso i mujo popadają w hasos,
aż dziwi się fata. każda godzina wyciąga się
w inną stronę jak ramię rozgwiazdy. asteryzm
z obelizmem. przydałoby się, żeby wpierw ktoś porządnie
przetłumaczył to na polski: najlepsza jest woda.
chyba, że chcesz porozmawiać o częściach zwierząt.
ale zawsze na sygnale: e-o, e-o. wszyscyście mówili słowa,
tamten mówił rzeczy: albo odwrotnie. nie pamiętam.
jaka jest różnica? kup sobie krowę. i opowiedz do niej, żółtej,
na miedzy. rzeczywiście dziwny tusz napaści nieznośnych gwiazd.
łudzę się, że gdy posiądę narzędzie, złudzenia prysną –
nowa ameryka dla pind i pindarów. lekcja od lat ta sama.

fairy-tale cottage. in the mist. from the upland past Węgrzce.
no image. ass against the glass, always a perfect pass
the excellent Uhlandstrasse school. I was born in Perugia,
raised in Myślenice, but I always felt close
to the Nowosądeckie Region. I'm a man of the woods.
my position is a *hochstapleur*.

a moustache, I thought, but actually she wore dark lipstick.
bass-snare-bass-snare: is this what Chinese music
is supposed to sound like? it's a wild trip, to Tiergarten station
and beyond. any closer and I wouldn't see with my eyesies.
where are my lollipopsies? on the other side of my mouthie.
fetch it doggie, I would write baldie, but I'm too ashamed.
I said you left something behind. and you walked by
as if nothing. invariably an inventory. all these stories
pop out of her head, a mix ready to spin.
my apple cracked: let's go sledding.

the day haso and mujo fall into hasos
and fata wonders. Every hour stretches out
in a different direction like starfish arms. asterixism
and obelixism. it wouldn't hurt if beforehand someone did
a good translation into Polish: water is best.
unless you want to talk about animal parts.
but always with a siren: e-o, e-o. while you all were saying words
he was saying things—or the other way around, I don't remember.
what's the difference? buy yourself a cow. a yellow one, and tell this to her
on the furrow. indeed, a strange shower of unpleasant stars is attacking.
I delude myself once I have the tool delusions will shatter—
a new America for whores and horaces. same lesson as always.

jak Queneau skręcał własne papierosy,
z prasonetów. młot pneumatyczny kruszy chodnik u brzegu
a to jest dopiero jedna pierś Iliady.

z termosu piję. mokrą mam duszę,
chwiać się i zataczać, ale nie na szydełku.
z rozpalonymi oczami: Gershom Scholem nie mówił
całej prawdy! bardziej wariackie papiery
schował na pawlacz i zasznurował usta.
podejrzewałem to. ale teraz mam dwa ciała:
jednym widzę w dół, drugim w kratce pod pralką.

dalej jest niby to lekko,
a niekoniecznie lekko. czyli moja
ulubiona metoda (chcieli mi tak dać na imię,
dasz wiarę? o, jakbym wtedy szukała cyryla!)
gdyby przez noc wypadły mi wszystkie włosy
nosiłbym perukę, plerezę pleromy.
podejrzałem go, w pokoju dziennym
na Uhlandstrasse, stosował technikę nizania.
na podwórzu toczyli szare kontenery
i szła rowerzystka. nawet się nie stropił.
podskoczył radośnie, poszedł gotować zupę
z ziemniaka i kalarepki.

how Queneau rolled his cigarettes from pre-sonnets.
a pneumatic drill breaks up the sidewalk at the edge.
and this is just the Iliad's one breast.

I drink from a thermos. my soul is wet,
to waver and stagger but not to crochet.
with burning eyes—Gershom Scholem didn't tell
the whole truth! he hid his crazier writings
in the pantry and zipped his mouth.
I suspected this. but now I have two bodies.
one sees from above, the other from under the washer.

further down looks easy,
but it's not. this is my
favorite method (they wanted to name me Methoda,
can you believe it? how I'd want to search for my Cyril!)
if all my hair fell out overnight,
I would wear a periwig full of pleroma.
I peeped at him in the living room
on Uhlandstrasse, he was using the beading method.
in the backyard they moved grey containers
and a girl with a bicycle walked by. he kept his poise,
jumped with joy and went to make soup
with one potato and one kohlrabi.